U0076937

陳麗如　著

陳麗如

學歷 台灣師範大學教育心理與輔導學士、碩士
彰化師範大學特殊教育博士

經歷 高中輔導教師一年
國中啓智班教師、組長共七年
空中大學等三所大學兼任講師四年
長庚大學教育學程中心專任助理教授四年
長庚大學師資培育中心專任副教授四年

現任 長庚大學早期療育研究所專任副教授

著作 （至 2015 年止）

《特殊教育論題與趨勢》、《特殊學生鑑定與評量》（第二版）、《身心障礙學生教材教法》、《國民中小學學習行為特徵檢核表》、《身心障礙者轉銜服務評估量表》、《大專教育需求評估量表》、《中學教育需求評估量表》、《生涯發展阻隔因素量表》（第二版）等三部專書及五份量表（均為心理出版社出版）。

「Transition services in Taiwan: A comparison between service need and services received education and training on mental retardation and developmental disabilities.」等國內外 SSCI 等期刊六十一篇學術論著發表。

「CEC」等單位主辦之國內外學術研討會三十六場論文發表。

作者序

近年來，國內特殊教育之理論發展已相當成熟，特殊教育教師的教學態度也十分積極，唯空有專業的理論或熱忱的態度，不足以使身心障礙學生得到適當的教育。若能在課室裡應用理論呈現適切的教材教法，方得以使特殊教育之功能發揮。本書企圖在教學之理論與實務間做一個充分的連結，希望引導現場教師運用於課堂間，使身心障礙學生得以從中得到最佳的學習照顧，展現最好的學習成績。本書分設計篇、教法篇及技巧篇三篇，涵蓋八個章次，五十六個節次，每個論點均是教師教學可運用參考之處。本書並在各個教學舉例上以不同的主題呈現，使讀者能更廣泛地思考特殊教育的教學應用。

我並不是一位全能的學者，但是我會因為實務的需求研讀需要深入探究的領域，或者說我喜歡藉由寫文章書籍來督促自己由理論深入實務工作，周延自己的專業知能。撰寫這本書也是因為授課的需求，將原本的講義陸續增加文獻，歷經數年整理成一本書籍，縱使它仍有許多應再深入的觀點，但是我相信在統整特殊教育教材教法的書籍中，它仍是一本值得握有的參考工具。這本書的完成要感謝許多人的鼓勵與協助：父母手足親友們的堅定支持是這本書能順利付梓的功臣，姪女錦香的細緻校稿，長庚大學子弟詩怡、素錦、盛家、郁婷的文書協助，促成完稿，而長庚大學的學術資源及同事和樂相伴，使我的學術之路相當順遂，實在感激。儘管我能力有限，卻能在這麼多支援下再成就一本拙作，著實幸運。

陳麗如

於 長庚大學

2007 年 9 月

目錄 Contents

設計篇

教法篇

技巧篇

Contents

圖表目錄

Contents

PART 1

設計篇

良好的教學內容，須植基於良好的教學設計。本篇探討特殊教育課程設計的要點，包括課程的準備以及教學的設計。

設計篇

第一章

身心障礙課程準備

為了進行身心障礙教育課程，教師在相關能力及態度上應有適當的準備。本章介紹特殊教育教案及探討課程的相關問題。

第一節　特殊教育教案的認識與撰寫

教案為教師教學的計畫書，一旦擬定，則教師能有所依據以進行教學，因此一份教案應該將教學課程的元素盡可能地呈現在內。過去國內在探討特殊教育教案時，仍常使用普通教育教案的格式。普通教育課程的教案是以全班為教學單位，進行分析設計，無法展現特殊教育個別化教育的精神，因此並不適合作為特殊教育教案。如何呈現教案才能納入特殊教育精神，其功能及內涵如何？為本節探討的重點。

特殊教育教案的功能

除計劃的功能之外，特殊教育教案應涵蓋下列多項功能：

一、教學計劃的功能

教案的基本功能在於計劃，亦即在課程進行前，教師先依自己的構思規劃教學的流程。在過程中若有不妥之處，教師可做調整修改，使實際教學可依序進行教學活動。計劃功能使得實際教學時不至於因「即興演出」顯得雜亂無章，而無法達到預定之教學成效。

二、組織教學構思的功能

藉由教案，教師分析影響教學的相關前置因素，如教材、學生舊經驗和知能、教學資源、學習情境等（葉連祺，2000）。使影響教學成效的因素，在設計教學時也能連帶考量進去，以便進行一個具組織性、有理由的教學內容。

三、應變各種狀況的教學指引功能

教學是一個複雜的過程，尤其是特殊教育教學，教師在撰寫教案過程時，可以思考教學中可能遇到的問題，以便在教學中指引教師進行適當的教學安排（葉連祺，2000）。例如對於某一情緒障礙的學生，規劃情境的控制以發展適合學生的學習模式。

四、個別化指導的功能

為顧及個別差異，特殊教育教案在設計時，應該將學生之個別課程指導方向設計進去，以避免教學中因為面對多位學生而忽略特殊教育個別化教育的精神；這項功能是特殊教育教案與一般教育教案之最大差異所在。

五、溝通的功能

編製者呈現教學的計畫，他人能由計畫中清楚了解設計者的教學構思和理念，教學者藉由閱讀方案之內容，了解如何對學生進行個別課程指導。若教學者臨時請假，則代課老師可以因為在教案中讀到許多教學的程序及注意事項，及時掌握設計者所設計之理念，得以直接進行教學。

特殊教育教案的內涵

一位教學績效良好的教師必須能善用教材（curriculum materials），適當地發展並使用教學策略（Duffy, Roehler, & Putnam, 1987），上述皆為形成教學計畫時應該考量的向度。一般而言，教案的呈現可分為教學資料分析、教學活動、教學評量，以及作業單等四個向度。

一、教學資料分析

在教案中，教學資料的部分除了呈現授課班級對象、人數、時間、設計者、教學者等等最基本的資料外，尚須包括下列各重要因素：

1. **教學主題**：教學主題乃教學的核心，教師在進行教學時，應該讓學生了解這堂課的主題是什麼，如果學生能夠掌握教學主題，便可以有適當的心態以迎接該堂課。因此教學主題不應該為教師、為觀摩者，或為評分的教授訂定；而是學生懂的、有意義的、具功能性的。例如「認識政府事蹟」的教學主題，對於中重度智能障礙學生顯得深奧而難以明瞭，無法傳遞給學生，則是不適當的主題。因此「準備耶誕節的禮物」雖然淺顯，卻能夠讓學生知道這堂課的主軸。另外太籠統或抽象的詞句也不適合，如「美麗的田野」、「農業改良品」。標題最好含有動詞，直接敘述學生的學習中心，例如「招待客人」、「到郵局存錢」等。
2. **教學目標**：教學活動對學生的影響，應包含認知、情意和技能三個層面，可由此去擬定教學目標。設定教學目標時，不宜與學生目前的起點行為差距太大或太小：兩者之差距若太大，將增加學生的挫折感，導致學生不願意嘗試所安排的學習活動，將使學習效果打折；兩者差距若太小，則課程對學生沒有意義，可說是浪費了學生的時間。學生間的程度差異大時，建議教學目標應個別撰寫。另由於「學習是行為的改變」，應以學生學習過後的具體行為來設定教學目標，因此以「行為目標」進行撰寫是適當的。
3. **學生學習條件分析**：分析學生學習條件主要在了解學生在此單元的起點行

為、相關需求與技能表現，以便進行教學。對於身心障礙學生教育的執行，課程的設計是在思考：「這個學生應該學什麼？」此應該與學生的個別化教育計畫（IEP）結合。而起點行為之評估在思考：「這堂課該從哪裡教？」因此學生條件分析除了必須了解其學習限制外，更必須針對這堂課程的內容進行能力與經驗的分析。確實掌握學生具備的先備知識或技能，提供難易適合的教材，方能維持學生的學習動機。例如教「買早餐」則須了解學生對金錢的認知或用錢的經驗，要教「寄耶誕卡」則須了解學生對文字的認識及住址的概念，這些便應該在學生學習條件分析內交代。對於學生的學習條件分析可以嘗試從以下著手：

⑴了解能力限制：從障礙學生的基本條件可約略了解學生的學習限制，如中度智能障礙學生因受限於認知能力，教學不應安排太多的認知課程，或從太深的內容開始教導。而失讀症（dyslexia）的學生認字情形不理想，不應把教學重點完全集中在識字學習，此即教學上「繞過」（pass by）的觀念。學生的基本條件只是評估學生起點行為的參考，真正的起點行為仍需要進一步了解。

⑵查核學習紀錄資料：從學生過去的學習紀錄可以了解其學習起點，例如過去教師的教學內容、相似主題中學生的學習成果、轉銜相關資料等等，可以評估學生學習的起點行為。

⑶進行相關測驗評量：這是對學生學習條件分析的最直接方法。例如進行學生在社區生活的生態評量，不但可以掌握學生在社區需要學習的內容、了解學生的生活經驗，更可以了解學生的起點行為所在；又如了解使用電腦須具備之能力，而後評估學生的起點行為所在，可知從何處開始教導學生進行電腦的操作；或者設計簡單的問卷，藉由家長的意見反映，了解學生面對客人來訪的反應，取得學生待客課程相關的能力及活動經驗。

4. 教學研究：分析課程帶給學生的意義或課程所應用的理論依據。此分析有助於提升教學素質，其內容可包括分析教材性質和結構、教材呈現方式、說明教學重點和所應用的教學法，以及相關學習輔具等等。此外，亦可統整說明課程單元之間的上下程序發展和平行聯繫關係。

5. **教學情境**：教學活動不是獨立發生的事件，無法避免與教學環境中的人、事與物產生互動（葉連祺，2000）。教學情境便應該成為教學中必要規劃的事件之一。教師應該塑造一個以學習主題為氣氛的課堂環境。例如教學主題為「寄信」時，將寫好住址的信件或製作寄信的流程海報作為教室布置的情境，則是相當理想的課堂情境。教學情境也可以放在教學研究內進行描述。
6. **教學資源**：教案中也常呈現教學資源，是陳列課程單元中使用到的教材教具來源或網路資料等。

二、教學活動

教學活動的安排主要在滿足學生起點行為和教學目標之間的落差，依據教學目標設計教師「教什麼」和「怎麼教」，描述教師教學活動和學生學習活動的細節，說明教具和教學媒體等資源的使用情形、列舉教學活動的分配時間、規範教學評量的工具、方式和標準等。教學活動和學習內容應按照學生的認知發展和學科知識邏輯順序安排，使教學具有成效。可包括三個主要流程：

1. **準備活動**：準備活動的主要目的是帶領學生進入上課主題，可包括「課前準備」和「課間準備」。課前準備是指在正式教學的開始之前所做的準備，例如教室布置、問卷調查家長對課程的期望、活動或課程預告等等；而課間準備是在上課一開始時進行，是藉此讓學生了解學習此課程主題對他的意義。此時準備活動有兩個重點：首先必須引起學生的學習動機，提升學生的需求、興趣、意願等，此往往會藉由活動或講解主題來進行。其次也常以複習相關主題帶入該次的課程。準備活動所占的時間不應太長。
2. **發展活動**：發展活動乃教學活動的主軸，活動的安排應注意與教學目標相適配，以學生活動為主，著重做中學。教學活動宜採多元方式進行，諸如：個別、小組協同、校外參觀、角色扮演等等，以符合學生的學習興趣及學習需要。對於認知功能較差的學生應避免太多的講述活動，而代之以遊戲、操作、競賽等方式進行各類感官動作的訓練。
3. **綜合活動**：綜合活動主要目的在做總結，進行方式可藉由摘要該堂課的重點，以口頭問答形式進行學生課程學習狀態的評估，或說明作業內容及注意事項，或者預告下一次課程。

三、教學評量

藉由小考、作業及測驗進行教學評量，以了解學生的學習效果及教師的教學效益。根據評量結果以診斷問題所在，進一步規劃並實施補救教學（supplemented instruction）。教師可以教學的行為目標作為評量內容之參考，以口試、指認、操作、演示等多元的方式，而不應侷限在傳統紙筆的方式進行評量。

四、作業單

作業單的應用具有幾點功能，第一在引導學生複習，整理所學知識；第二在達成跨情境的應用，促進學生獨立作業；第三在引導家庭介入，作業單的設計應思考如何達到這些功能。為達到複習的功能，作業單應涵蓋課程的重點，讓學生在課後再練習一次；為達成跨情境的練習應用，作業單請學生在下課時間或回家時完成，以期學生學以致用的類化範圍更廣泛；為達引導家庭介入的功能，可嘗試設計需要家人協助的作業內容，例如請父母親協助帶學生去社區購物，或請學生實際煎荷包蛋給家人食用。但其中須外出的作業不宜太多，並且規範完成的時間不應太短，以免增加家長的困擾。而作業應是課程的複習，不應另出一個與教室課程脫離的內容（如表 1-1）。例如如果是在生活教育領域內教學生購物的技能，則所出的作業如果是仿寫「購物」二字便不適合。另外交代學生任何作業時，應確定學生已了解作業內容及撰寫方式，或對家長應該督導及協助的項目明確傳遞給家長。

表 1-1 作業範例

購物計畫單

姓名：＿＿＿＿＿＿＿＿　　　　日期：＿＿＿＿＿＿＿＿

你想要買什麼東西？＿＿＿＿＿＿＿＿＿＿＿＿＿＿＿＿

你想要到哪裡購買你要的東西？

□7-11　　□大潤發　　□愛買　　□其他：＿＿＿＿＿＿

你有沒有找到你要買的東西？□有　□沒有

資料來源：Kleinert, Green, Hurte, Clayton, & Oetinger（2002: 44）.

特殊教育教案的撰寫

為因應不同目的，教案的格式及內容項目，可加以調整增減。一般而言，教案撰寫的目的可分為教學練習、教學觀摩，以及教學參考（葉連祺，2000）。在教學練習時，通常以詳案呈現，在教學資料分析上盡可能地探討，在教學內容上完整描述教學的流程，並將內容細節清楚撰寫，包括完整的指導語、教學步驟、工作分析（task analyse）、突發狀況的處理等等，以培養教學者規劃完整教學歷程和處理細節的知能。一般大學校院師資培育機構會以此訓練實習教師或師資培育學生，進行教學計劃能力的訓練；在教學觀摩時，乃因為學校教務計畫，進行教學演示，以提供教師同事間觀摩學習。此類計畫的內容項目可較上類教案酌予減少，只詳述教學演示的該節內容，簡略敘說其他重點；而教學參考時，通常為教師自己自發性的教學規劃，因此常以更為簡單的形式呈現，在教學內容上常以重點或活動標題呈現，主要在提醒自己教學的程序。

撰寫特殊教育教案時，有以下應注意之處：

一、與 IEP 結合

教案即教學指引，教學應與 IEP 結合，亦即教案不應離開 IEP。IEP 通常於剛開學時召開撰寫，學期中教師在教學時，可能忽略IEP中所描述學生的個別需求，使教學與 IEP 脫離。教師在設計教案時，亦應隨時掌握 IEP 內所指出的需求，與教學目標及活動的進行做充分結合。

二、著重個別化

教師在教學時多要面對數個學生，因此為了因應每一位學生的需求及能力，個別化的設計應該帶進來。不管在起點行為、教學目標、活動安排、作業指定或輔具運用等等，都應該以個別學生的狀況為基礎，進行評估設計。例如教「買火車票」，則有些學生可能適合使用計算機，有些學生則教導以金錢直接購買，另有些學生可能需要設計溝通圖卡以進行購票的應對。

三、活動教學設計

「教案」通常是以一個單元或一節為單位編寫，但如此容易產生課與課之間的分立，節與節之間的脫離。因此教師亦可以設計「活動主題教學」，亦即呈現整個教學活動的過程，一個教學活動可能包括多個單元數節課的時間。或設計領域統整教案，結合多個領域共同規劃課程。

四、備選方案的設計

特殊教育教學中，學生程度往往差異很大，因此教學者宜預先籌思多個教學活動的備選方案，作為進行簡化或淺化、加深或加廣學習的因應對策（葉連祺，2000）。例如在「到 7-11 買東西」的教學單元中，極重度智能障礙無語言、精細動作差的學生可能無法參與課程，則在較高功能學生在上購物對話時，可以穿插復健的教學目標，例如在一堆物品中挑出五元銅幣投入存錢筒，然後按溝通板的「五元」聲音，並以秤存錢筒的重量大小作為課程增強的依據。

五、教案的格式

目前教案並無統一的格式，其內容可能依教師個人需要或習慣呈現。作者呈現以下格式並以「搭乘捷運」為主題之部分教案內容供教學者參考（見表 1-2）。其中右上方的欄位「時間分配」是以一個完整活動進行教學設計時，或包含數小時的課程時，才建議呈現的。

表 1-2 教案格式範例

<table>
<tr><td>教學領域</td><td>社會適應</td><td>教學活動主題</td><td colspan="2">搭乘捷運</td><td rowspan="4">單元時間分配</td><td>節數</td><td>各單元重點</td></tr>
<tr><td rowspan="3">班級對象</td><td rowspan="3" colspan="4"></td><td>2</td><td>認識捷運</td></tr>
<tr><td>4</td><td>買捷運票</td></tr>
<tr><td>6</td><td>去捷運站搭車</td></tr>
<tr><td>設計者</td><td colspan="4">陳○○</td><td colspan="2">教學者</td><td>陳○○</td></tr>
<tr><td>教學日期</td><td colspan="7">2005.10.3～2005.10.31</td></tr>
<tr><td>教學研究</td><td colspan="7">1. 製作購票溝通圖卡供 A、B 生使用。
2. 利用生態評量及家長問卷了解學生搭捷運之能力與需求。
3. 運用結構式教學法進行教學情境設計。
4. 教室布置：購票流程、悠遊卡樣張、捷運站情境。</td></tr>
<tr><td rowspan="5">學生學習條件分析</td><td>學生</td><td>溝通</td><td colspan="2">搭捷運經驗</td><td colspan="2">票卡使用</td><td>錢幣認知</td></tr>
<tr><td>A</td><td>無語言</td><td colspan="2">經常由家人陪同搭乘捷運上學</td><td colspan="2">使用悠遊愛心卡</td><td>無錢幣概念</td></tr>
<tr><td>B</td><td>無語言</td><td colspan="2">未曾有搭捷運的經驗</td><td colspan="2">未使用悠遊卡</td><td>可指認幣值</td></tr>
<tr><td>C</td><td>可基本溝通</td><td colspan="2">未曾有搭捷運的經驗</td><td colspan="2">未使用悠遊卡</td><td>可做錢幣加法</td></tr>
<tr><td>D</td><td>可基本溝通</td><td colspan="2">偶爾由家人陪同搭乘捷運上學</td><td colspan="2">使用悠遊普通卡</td><td>可做錢幣加法</td></tr>
<tr><td>教學目標</td><td colspan="4">單元目標</td><td colspan="3">具體目標</td></tr>
<tr><td></td><td colspan="4">（略）</td><td colspan="3"></td></tr>
<tr><td>目標</td><td colspan="4">教學活動</td><td>教學資源</td><td>時間</td><td>教學評量</td></tr>
<tr><td></td><td colspan="4">（略）</td><td></td><td></td><td></td></tr>
</table>

第二節　身心障礙教育課程的問題省思

我國《特殊教育課程教材教法實施辦法》中指出，對於身心障礙學生的教育應以彈性為原則，考量學生個別差異，設計適合其需要之課程（教育部，1999）。正因為這「彈性」、「適性」，導致特殊教育教師容易因為其理念、專業知能而影響特殊教育課程之品質。目前在我國身心障礙教育上出現哪些問題？本節就特殊教育的執行問題、課程設計問題，以及教師教學問題予以省思。

特殊教育執行的問題省思

特殊教育教師的觀點影響特殊教育課程的實施方向，相關文獻及研究顯示，目前特殊教育的工作在推廣上，面臨下列問題，導致特殊教育效能不彰：

一、個別化教育計畫未周延

擬定個別化教育計畫時未能符合一定程序，例如未確實召開教育計劃會議、計畫擬定無所依據、學校在特殊教育服務的規劃過程未適當安排特殊教育相關專業人員參與等，因此常無法擬定出較適切的個別化教育計畫。一個周延的教育計畫應該先經由謹慎的評估，並召開IEP會議後訂定，方不至於造成偏執的情形。

二、評估工作未盡完整

評量乃規劃服務的依據，包括特殊教育與特教相關專業服務的提供（Espinola, 1994）。然而許多特殊教育人員在規劃身心障礙學生教育或服務的內容時，常以個人主觀想法為依據，致使特殊教育不能適切提供。提供特教服務前應先進行謹慎的評估，例如從評量、測驗工具或自編問卷，透過教師、家長及相關人員了解學生的能力及學習需求，方能研擬學生適當的教育內容，進一步提供適當的特殊教育服務。

三、家庭角色未能充分發揮

McLoughlin、Edge、Petrosko 和 Strenecky（1985）的研究發現，特殊學生的家長與專業人員在許多方面有著不同的觀點，他們建議在為特殊學生做教育服務決策時，除了專業人員涉入外，更須了解家長的期待及觀點。為了使身心障礙學生的發展更適切，儘管教師對個別化教育計畫有其專業認知，家長的意見及態度仍是我們所不能忽略的。

四、學生未參與計畫

身心障礙學生積極參與教育方案、設定計畫目標及進行選擇等，與其未來成功就業或良好人際互動有高度相關，為其生涯發展成功的重要因素。讓學生有參與選擇的機會，才能更貼切地了解其需求。根據美國研究發現，1990 年只有35%的身心障礙學生參加個別化教育計畫會議（Parmenter & Riches, 1990; Wehmeyer, 1993）。以學生為本位的教育形式是培養學生自我決策及獨立生活能力的重要方針，應在教學設計時即掌握。

五、團隊合作模式未盡理想

團隊合作的模式在特殊教育工作上相當重要。研究顯示，部分機構雖然被期待參與擬定計畫，卻未參與計畫的執行（行政院勞工委員會職業訓練局，1994；National Association of State Directors of Special Education, 1994; Roessler, Shearin, & Williams, 2000）。因應學生的個別需求，應該邀請特教相關專業人員，依據其專業，提供身心障礙學生完整的服務，並協助擬定特殊教育課程的方向。

課程設計的問題省思

不當的課程設計影響教學的效益，為特殊教育教師所應避免的。由相關研究可歸納出造成課程設計不當之因素：

一、課程設計未從學生的需求出發

許多特殊教育的課程內容未符合學生的真正需求。例如學習障礙學生可能具有注意力訓練的需求，卻因為教師未列入課程設計，只一味聚焦於認知課程的補救教學，而使學習效益不彰。未能充分評估障礙學生的需求則難以掌握適當的課程內容，因此在教學進行前，應該藉著各種評估掌握學生需求，並注意需求是否被滿足。例如學生的注意力缺陷問題雖然未能在短期內立即改善，仍應該規劃在課程訓練方案之中。

二、課程內容未符合功能性原則

根據 Brolin（1995）的研究發現，身心障礙學生在離校後，只有 40.4%的人可以表現某些功能性的心智能力，例如使用電話、算零錢、看時間等，其他大部分的學生離校之後仍有許多適應問題。根據研究（Brolin, 1995; Clark & Kolstoe, 1995; Halpern, 1994）顯示，教師所設計的課程往往侷限於傳統的認知領域，使得許多課程難以具備功能性。除非身心障礙學生有繼續升學的需求，否則課程的進行應該朝向所學的內容為未來可用到的。

三、課程設計未考量學生實齡條件

在特殊教育中常看到以蒙特梭利教材對重度障礙學生進行教學，包括對應（如將有圓洞的木塊穿入柱子中）、分類的訓練（如將紅色、藍色等不同顏色的珠子進行分類）等等。實際上這樣的教學內容對學生的生活功能表現並無太大助益。使用嬰幼兒教材往往會妨礙個體獨立能力的發展，考量學生實際年齡的課程設計較符合功能性。例如對於國中的重度障礙學生可教導他將插頭插入插座（對應）、將房間衣物分類歸架等（分類），培養符合學生能力及年齡的課程方具有生活上的意義。

四、課程設計未考量學生相關條件

教師常常未仔細考慮身心障礙學生的能力需求或問題等相關條件，對他們有錯誤的期待，實施不適當的課程，進而阻礙身心障礙學生的學習成果。為了使身心障礙學生的教育能夠發揮成效，教師須了解學生能力需求及其存在的問題，而後設計適當的課程。

五、課程實施未著重社區本位

特殊教育學生若未將社區生活的功能納入設計課程的考量，將使學生在社區生活之能力受到影響。課程實施應該考量地區性的差異，掌握學生在社區內應具備的生活能力，如在社區內進行購物、搭乘交通工具、參加社區休閒活動等等，以便提升其社區生活能力。

六、課程設計未以復健爲目標

身心障礙學生由於生理限制及學習速度較為緩慢，導致生活功能常出現遲緩的現象，因此課程設計應該以復健（rehabilitation）為目標。所謂復健意即「恢復人之個體應該有的生活功能表現」，例如使智能障礙學生能夠完整表達需求，使視覺障礙學生能夠行動、購物等等。又如為了增進腦性麻痺學生的手腕關節功能，設計一個釘木箱子的美勞課程，則兼顧休閒活動及復健。含括復健目標的課程將使課程發揮更大的功能。

由於課程的設計不當，致使教師在進行教學時，常零碎片段，未能以學生獨立需求為方向，難以設計整體性的課程，這是特殊教育教師應該省思調整的。

教師教學的問題省思

教學是整個教育的重心，特殊教育也不例外。如何使教學的工作達其功效，以符合特殊教育的效益，則為教師應該注意的。目前國內特殊教育教師在教學時，常存在下列幾個問題：

一、未依計畫實施

教師常在教學時未依IEP進行教學，教學常與計畫脫節，使得教學未有適當依據，教學前後未能統整連貫。因此在教學設計時應該隨時回顧 IEP 的內容，以免計畫與教學成為兩回事，以至於IEP內所擬的教學目標總是無法達成。

二、未著重個別化

特殊教育教學常以小組進行，小組內學生的能力落差往往相當懸殊，例如重度智能障礙與輕度智能障礙兼過動症的學生在同一小組，但課程內容並未顧及個別化教學，往往所有學生得到相同的上課目標、一樣的內容及作業。在教學過程中，若某些同學需要個別指導，則可以為其他同學安排操作性活動或練習單，以免其他學生有太多空閒時間。

三、只注意少數學生

在課程進行中，教師容易只注意較有反應、程度較好，或行為問題干擾較多的學生。重度智能障礙或沒有語言的學生，常沒有受到老師的注意而使師生互動不良，經常只有呆坐在課堂上，則課程時間對這些學生形同浪費。教師在課程進行中，應該同時對這些容易受到忽略的學生也有精緻的設計，並隨時檢視自己是否與某些同學的互動不佳。

四、易出現比馬龍效應

身心障礙學生的障礙問題常伴隨其一生，教師因為認知到該障礙難以去除，常常低估其學習能力而忽略教導，也因此降低學生的表現機會。教師若能了解學生的條件，適當評估其潛能發展，設計適當的課程目標，則學生能得到應有的學習成果。

五、易物化教學

教師在對重度障礙學生教學時，常常忽略給予適當的語言表達或行為互動。例如餵食一般孩童時，我們常常會一邊餵食一邊對他說：「來，吃一口紅蘿蔔！」則該孩童在自然情境中便已學得紅蘿蔔一詞。但是在餵食重度智能障礙或少語言的障礙學生，常常只將食物送入其口中，甚至一邊做自己的事情。重度障礙學生的學習常常未被察覺，或他們未能立即表現學習成果，教師常因此耽誤學生可能的學習機會。

六、過度以安全爲目標

許多教師在教導重度障礙學生時過度以「安全」為原則，如擔心危險而不提供練習炒菜的機會，或刪除走平衡木的活動；怕學生受到他人的欺負利用，而不准學生與普通班學生互動，使障礙學生的學習範圍受到限制。在安全的前提下，仍應該讓學生有適當的嘗試與探索練習。

七、過度聚焦於學生的弱勢能力

身心障礙學生在學習表現上的限制固然應嘗試予以補救，但若一味只想補救障礙學生不足的能力，忽略學生優勢能力的潛能發揮，往往會造成教學的成效不彰。教師在教學過程中仍應該善用學生的優勢能力，一來學生可藉由表現成就，培養其自信；二來其學習進步的情形也較弱勢能力之學習更明顯。

八、忽略潛在課程的效應

教師在教學過程的行為或態度往往影響學生，例如教師若常常以打罵的方式管教學生，則學生可能習得以暴力處理其不滿的情緒。因此教師須注意自己平日的行為表現，例如藉由善意的互動，培養學生習慣與他人良性互動。

九、忽略提升學生自我決策能力

特殊教育教師因為低估學生的表現，或為了「省麻煩」，常幫障礙學生決定許多學生原可以自行處理的事。自我決策能力的提升是促成身心障礙學生獨立生活的機會，但常常會因為被剝奪這方面的學習，而成為依賴他人的個體。因此在課程進行時，隨時掌握機會，例如討論與決定烹飪課的工作分配等，促進身心障礙學生自我決策能力的提升（見第四章第十六節）。

特殊教育的執行、課程設計及教學過程其實仍存在著許多問題，無法在此一一列舉。茲舉出幾例，在於引發特殊教育教師思考的習慣，一旦教師習慣去思考各方面的問題，則特殊教育工作便能夠有所精進。

第二章

身心障礙教學設計

為達到有意圖的學習，使學生能發揮潛能，達到預期的學習成效，教師應該有計畫的教學。而身心障礙教育更因為學生的殊異性，在課程設計上著重以學生的需求出發。究竟如何才能以學生的需求出發，掌握特殊教育的精神？為了使特殊教育的功能發揮，則無論在教學目標、教學內容設計、課程實施等，均應避免憑空想像。教師在進行教學前應掌握幾個明確的訊息，方有利其教學，有所依據，方能周延。本章從課程評估及課程綱要提出幾個值得思考的向度。

第一節　教學課程評估

課程設計最重要的是要掌握一個原則：這個學生學什麼最好？要確定學生學什麼最好，應藉由充分的評估後確定，其評估方法包括：

一、障礙條件評估

在教學課程中應對於障礙條件限制有所認識，並進一步從障礙的條件思考學生可以學習的內容，此可能從幾個方向進行考量：

1. **障礙限制的考量**：障礙條件的考量主要是要了解學生學習的限制，避免特殊教育課程的設計不符合現實的情形，例如我們了解中度智能障礙學生多不適合教導二位數加法。如果可能，應該把教學精力放在預期學生會使用電子計算機的應用。而就廣泛性目標而言，輕度智能障礙學生著重實用性、生活化、工作取向的認知學習及技能訓練；中重度智能障礙學生則應強調生活自理、社會人際、溝通、知覺動作、基本認知、健康、休閒、居家、基本工作能力等，增加社會適應能力的技巧。

2. **障礙者長期目標的考量**：思考家長的期待或障礙者本身對未來的規劃，例如他想要升學或是計劃就業？如果高中職學生將來計劃進入大學進修，則應該設計專業的認知課程；若學生將來擬走職業取向，則應該強調職業適應能力的培養。
3. **學習階段的考量**：依障礙學生的學習階段不同，應有不同的目標，例如學前階段強調障礙學生的動作、溝通、社會人際、認知、生活自理能力的培養；小學階段強調以生活為中心應具備的能力，包括溝通、生活功能的提升等；國中階段則開始強調職業興趣的培養、良好工作態度的習慣、生活功能的再提升；高職階段則強調以提升職業適應能力為中心的課程。
4. **障礙學生存在的問題考量**：了解障礙學生的問題所在，例如障礙學生具有自殘行為，或障礙學生具有記憶力缺陷等問題影響學習吸收，則這些存在的問題可能是教學中應予以設計調整的。

二、測驗的評估

標準化測驗常用以鑑定學生的障礙型態與障礙程度，另一方面也提供許多適合應用在教學上的訊息，但一般教師卻未能進一步充分運用，實為可惜。以下為幾個標準化測驗應用於教學的例子（陳麗如，2006）：

1. **魏氏智力量表**：魏氏智力量表的測驗結果，從側面圖中除了可以了解學生的弱勢能力之外，並可以掌握學生的優勢能力。例如如果學生在圖形補充分測驗中具有優勢，則教師在進行教學時，可以善用學生視覺的學習型態引導學生學習。
2. **國語正音檢核表**：國語正音檢核表可以取得學生在語言表達上的問題。例如如果測驗結果發現學生在「ㄅ」的構音上有問題，則可以利用美勞課，設計學生利用雙唇進行繪圖（例如塗口紅轉印圖畫紙上做美術創作），則可將復健的目標加入課程中。

3. **適應行為量表**：適應行為量表可以了解學生生活適應上的問題，該訊息並可放入課程設計中。例如發現學生在「自理能力」的分測驗分數低，則知道應加強學生的生活教育課程，並可以截取該分測驗中較有問題的題項作為教學的項目，例如可能為如廁訓練、穿脫衣服訓練，或衛生習慣的訓練等等。
4. **學習行為特徵檢核表**：學習行為特徵檢核表可了解學生在學習上的特質表現，若學生在「注意與記憶問題」分數過低，則可能需要進行注意力訓練及記憶技巧的教導。

標準化測驗常常可以提供教學訊息，教師應藉以訂定教學的目標，並用以發展教學策略。若教師仍無法確定應該設計哪些策略，則可以進一步檢視分測驗的每一題題項，設計更具體的教學內容。

三、替代性評量的評估

替代性評量（alternative assessment）常常是教師自行設計應用的（陳麗如，2006），教師一旦願意使用此評量技巧並善用於課程中，個別化教育的原則就很容易掌握。

1. **生態評量（ecological assessment）**：生態評量是透過各種方法，以個案目前及未來可能的生活環境所必需的行為功能為評量重點，對學生在各種生態環境中的能力需求，以及既有能力進行分析，以利教師為學生設計功能性的學習目標，並進行教學。生態評量是評估學生學習需求很好的方法，例如表 2-1 即是運用生態評量設計課程的安排。
2. **動態評量（dynamic assessment）**：動態評量的目的在評量學生如何產生學習、發生何種變化及學生對教學的反應。在評量過程中，評量者與學生充分互動，以提供各種形式的誘導、協助，促使學生同時進行學習。藉由動態評量中評量者與學生不斷地互動，了解學生的學習潛能、認知歷程，並發現適當的介入策略。動態評量十分適合認知課程的學習設計。
3. **課程本位評量（curriculum based assessment）**：課程本位評量以學生在

表 2-1　生態評量之教學設計（家庭環境部分）

主要環境	次要環境	活動	活動表現需求	目前表現	教學重點	教學領域	輔具
家庭	廚房	吃飯	1. 幫忙擺餐具	尚不清楚家庭中的成員人數	家庭人數的認知；食用者與餐具的配對	實用數學	
			2. 自行吃飯	可自行吃飯，但大都使用湯匙；菜餚會掉落桌面	飯前洗手；食用時桌面清潔的維持	生活教育、社會適應	設計易舀起的湯匙
			3. 收拾餐具	無任何收拾餐具的習慣	用餐後，會自行將餐具放置洗碗槽	生活教育	
			4. 收拾桌面	會自行拿抹布擦桌面，但雜亂無次序	抹布之清潔維護與正確使用	職業教育	特製手掌抹布

資料來源：陳麗如（2006：124）。

實際課程中的表現作為教育決策依據的評量系統，以形成性評量觀察學生技能發展的情形，作為教師修正教學的依據。運用課程本位評量，可隨時了解學生學業的進步，掌握學生的學習狀況，並配合需要，隨時調整、改變教學策略。

4. **功能性評量**（functional assessment）：每一個學生的行為問題均不相同，個別學生所適合的介入策略也不一致。為了有效處理每一個學生的行為問題，需要一一評估，而後計劃適當的處方。以功能性評量進行問題行為的評量分析，便成為因應個別差異下處理障礙學生問題的適當方法（Lofts & Others, 1990; Piazza, Hanley, & Fisher, 1996）。經由功能性分析，了解行為問題出現的前因後果後，隨即探討改變行為問題的適當策略，或經由環境安排、或經由行為改變技術策略，以調整學生的行為問題。

5. **實作評量**（performance assessment）：實作評量在模擬情境中指定學生實際完成一項特定任務，再依據教師的專業判斷，用預先訂定的標準來評定學生的成績。實作評量經常是實際動手操作，學生將已經學過的內容以真實的材料表現，透過直接觀察學生的表現或間接從學生完成的作品去評量（Mastropieri & Scruggs, 1994）。實作評量是學生證明學習的一種產物，而不是要蒐集學生被動表現的反應（Meisels, Xue, Bickel, Nicholson, & Atkins-Burnett, 2001），對於學生學習成果可以得到很實際的資訊，而能成為未來教學調整的依據。

6. **檔案評量（portfolio assessment）**：檔案評量是將學生所有可能作為評量的資訊，做有系統的蒐集建檔。檔案評量所評量的內容包括學生的學習活動分析、作品分析、實作評量、紀錄分析等，這些評量的重點在以質性分析了解學生學習的情形。就評量的目的而言，檔案評量不僅可以了解學生已學會哪些能力，也可以從學生的真實表現中了解還有哪些能力有待加強。這些資訊便成為課程目標設定的依據。

四、其他評估

除了前述方法外，教師尚可藉由更多形式進行教學評估，例如：

1. **由訪問取得資訊**：藉由訪問相關人員取得資訊。例如訪問家長以了解學生適合的增強物、訪問學生過去的老師以了解學生學得的擦窗戶程序，或訪問學生本人以了解其興趣。這些方法均可獲得珍貴的教學資訊。
2. **由問卷取得資訊**：教師可因應課程的需要，藉由簡單的問卷蒐集需要的資訊。例如表 2-2 即是一個附隨在聯絡簿，卻是可以取得教學資訊的簡單方法。
3. **由教師觀察取得資訊**：藉由教師觀察，了解學生的優勢能力及弱勢能力所在，也可以了解學生的興趣，以及能夠引發學生學習動機的增強物等等。教師觀察也是設計教學的很好評估方法，只是一般教師未將觀察行為及觀察結果的應用做有系統的組織整理，如此便很難將觀察資訊應用在課程中。

特殊教育執行的品質在於其課程設計的適當與否，以及教學技巧的實施。如果教師們能設計出一個以障礙學生需求為出發的教學內容，特殊教育的效果將可以充分發揮。

表 2-2 教學計畫訂定問卷

XX 國中啓智班 XX 學年度第二學期
教學計畫訂定

親愛的家長您好：

本校特教組由於實施生活核心課程（每個月訂定一個主題，各任課教師將依此主題進行教學），本學期所訂定的主題如下表。請您說明您子女在各主題的能力，並提出對其學習的期待，以便提供我們在設計教學時的參考，並希望您於 3 月 9 日週四上午 8:40 召開 IEP（個別化教育計畫）會議時，前來說明討論。

XX 國中特教組敬上 XX 年 2 月 23 日

……………………………………………………………………………………

回　　條

請於每一主題後方格內進行描述。

月	主題	請描述您孩子在該主題的能力表現	請描述您對孩子在該主題下的學習期待
2 月	準備週		
3 月	打電話		
4 月	點餐		
5 月	交通安全		
6 月	放暑假		

學生姓名：　　　　　　　　　　　　家長簽名：

第二節　課程綱要設計

我國特殊教育課程綱要，最早於 1983 年 3 月頒布實施，係為啟聰學生訂定。1988 年教育部編訂課程標準或課程綱要，提供適合智能障礙、視覺障礙、聽覺障礙、肢體障礙等各類特殊學生學習之課程標準與課程綱要。教育部於 1998 年再次委託學者專家主持各類課程綱要增修訂工作，於兩年內完成特殊學校（班）智能障礙、視覺障礙、聽覺障礙、肢體障礙及多重障礙五類課程綱要之增修訂，於 2000 年由教育部頒布實施。

一、課程綱要的內容

課程綱要一般分為國民教育階段及高中職教育階段，啟明學校課程綱要則增加學前教育階段，依不同障礙類別而有不同版本的編訂。每一課程綱要皆包含總綱及各階段障礙別之課程綱要。各課程綱要之下分各領域（見表 2-3），其下又細分為若干次領域、綱目、項目、細目及教學目標，教師可依評估結果選擇適當的教學目標。各領域之教學設計見第四章：課程科目的考量。

1. 智能障礙

⑴國民教育階段啟智學校（班）課程綱要：國民教育階段啟智學校（班）課程綱要，分為生活教育、社會適應、實用語文、實用數學、休閒教育及職業生活等六個領域，再區分為十五個次領域。

⑵高中職階段啟智學校（班）課程綱要：高中職教育階段啟智學校（班）課程綱要課程架構以職業為核心，生活適應能力為主軸，分成職業生活能力、家庭及個人生活能力、社區生活能力，組成三個核心領域，再發展成十四個次領域。

2. 聽覺障礙

⑴國民教育階段聽覺障礙類課程綱要：國民教育階段啟聰學校（班）課程綱要分國小階段與國中階段兩部分，各有語文（國語文、英語文）、社

表 2-3 教育部頒布各障礙類別及階段課程綱要一覽

領域	智能障礙		聽覺障礙			視覺障礙					肢體障礙		多重障礙
	國民教育	高中職	國民教育	高中	高職	學前	國小	國中	高中	高職	國民教育	高中職	
（實用）（國）語文	v		v	v	v		v	v	v		v	v	
（實用）數學	v		v	v	v		v	v	v		v	v	
生活（教育）	v		v	v	v	v					v	v	v
休閒教育	v												v
職業生活	v	v											v
社會適應	v					v							v
家庭及個人生活		v											
社區生活		v											
社會			v	v	v		v				v	v	
自然（與科技）			v	v	v						v	v	
藝術（與人文）			v	v	v						v	v	
綜合活動			v	v	v						v	v	
健康與體育			v	v	v						v	v	
溝通訓練技能			v	v	v	v							v
資料處理					v								
工藝					v								
印刷科					v								
綜合家政					v								
餐飲管理					v								
美術科					v								
知覺動作						v							v
認知發展						v							
國語點字							v						

表 2-3　教育部頒布各障礙類別及階段課程綱要一覽（續）

領域	智能障礙		聽覺障礙			視覺障礙					肢體障礙		多重障礙
	國民教育	高中職	國民教育	高中	高職	學前	國小	國中	高中	高職	國民教育	高中職	
自然							v						
體育							v	v	v				
唱遊							v						
美勞							v						
生活技能訓練							v						
定向行動							v						
生活與倫理							v						
健康教育							v	v					
團體活動							v						
英文			v	v	v			v	v		v	v	
歷史								v	v				
地理								v	v				
生物								v	v				
理化								v					
家政								v					
家政與生活								v	v				
音樂								v	v				
輔導活動								v					
認識臺灣								v					
鄉土藝術活動								v					
電腦								v					
童軍教育								v					
初等按摩								v					
三民主義									v				
公民									v				
世界文化史									v				
現代社會									v				

表 2-3　教育部頒布各障礙類別及階段課程綱要一覽（續）

領域	智能障礙		聽覺障礙			視覺障礙					肢體障礙		多重障礙
	國民教育	高中職	國民教育	高中	高職	學前	國小	國中	高中	高職	國民教育	高中職	
物理									v				
化學									v				
地球科學									v				
物質科學									v				
共同科目										v			
復健按摩學程										v			
資訊應用學程										v			
綜合職能學程										v			
個別化復健服務											v	v	
生活與適應											v	v	
美工應用組												v	
家政應用組												v	
商業應用組												v	
認知教育													v

會、數學、自然與科技、藝術與人文（音樂、美術）、生活、綜合活動、健康與體育，以及溝通訓練九個領域課程綱要。

(2)高中教育階段聽覺障礙類課程綱要：包含語文（國語文、英語文）、數學、社會、自然、藝術（音樂、美術）、綜合活動、健康與體育，以及溝通訓練八個領域課程綱要。高中階段啟聰學校（班）課程綱要乃以升學為學習輔導方向。

(3)高職教育階段聽覺障礙類課程綱要：包含語文（國語文、英語文）、數學、社會、自然、藝術（音樂、美術）、綜合活動、生活、健康與體育，以及溝通訓練九個領域等課程綱要。此外，另有高職資料處理科、工藝科、印刷科、綜合家政科、餐飲管理科及美術科課程綱要。

3. 視覺障礙

⑴學前教育階段視覺障礙類課程綱要：包括五個領域：生活教育、知覺動作、溝通技能、社會適應，以及認知發展課程綱要。

⑵國民教育階段視覺障礙類課程綱要：國民教育階段啟明學校課程綱要分為「國民小學各科目課程綱要」、「國民中學各科目課程綱要」。國民小學課程綱要包括：國語、國語點字科、數學、社會、自然、體育、唱遊、美勞、生活技能訓練、定向行動、生活與倫理、健康教育及團體活動課程綱要。國民中學課程綱要包括：國文、英文、數學、歷史、地理、生物、理化、健康教育、家政、家政與生活科、體育、音樂、輔導活動、認識臺灣（歷史篇、地理篇、社會篇）、鄉土藝術活動、電腦、童軍教育、初等按摩課程綱要。

⑶高中職教育階段視覺障礙類課程綱要：高中職教育階段課程綱要包括「普通科各科目課程綱要」及「職業類科各科目課程綱要」。普通科課程綱要較傾向輔導學生做升學的準備，計有國文、英文、歷史、地理、數學、三民主義、公民、世界文化史（歷史篇、地理篇）、現代社會、體育、家政與生活科技、音樂、基礎物理、基礎化學、基礎生物、基礎地球科學、物質科學（物理篇、化學篇、地球科學篇） 等二十個科目課程綱要；職業類科則以培訓學生職業技能為主，各科目課程綱要分為共同科目、復健按摩學程專業科目、資訊應用學程專業科目及綜合職能學程科目四類學程。

4. 肢體障礙

⑴國民教育階段肢體障礙類課程綱要：國民教育階段肢體障礙類課程綱要包含語文（本國語文、 英文）、數學、生活、社會、自然與科技、藝術與人文（音樂、美術）、健康與體育、生活與適應、綜合活動九個領域，以及個別化復健服務活動綱要。

⑵高中職教育階段肢體障礙類課程綱要：高中職教育階段肢體障礙類課程綱要包含語文（本國語文、英文）、數學、社會、自然與科技、藝術與人文（音樂、美術）、健康與體育、生活與適應、綜合活動八個領域課程綱要，及個別化復健服務活動綱要。另針對職業類科，列有美工應用

組、家政應用組及商業應用組必修科目。

5. **多重障礙**

多重障礙教育課程綱要包括「多重障礙教育課程綱要」與「多重障礙教育各學習領域綱要」兩部分。多重障礙教育各學習領域綱要下分七大領域：生活教育、溝通訓練、知動訓練、認知教育、休閒生活、社會適應及職業生活。

二、課程綱要的運用原則

由於課程綱要內的教學目標只是粗略的條列式文字，教師很容易受到誤導，而將教學目標定為活動主題。在教學設計上除強調教師應參考各領域課程內容外，更必須針對學生的特性與能力狀況，配合個別化教育計畫以實施教學，彈性運用教材及教法，讓學生得以依自己的能力進行學習。McCutcheon（1980）指出，教科書及課程綱要之編排和發展過程不一定符合教學者實際需求，且教材編輯者的編排邏輯可能與教師教學順序有所差異。可知課程綱要雖然可成為教學的指引，但是仍需要教師本身的專業知能，針對障礙學生的教育需求設計教學內容，以期提升障礙學生的潛能。教師選擇規劃特殊教育學校（班）課程綱要時具有以下幾個原則：

1. **適性化原則**：依學生的各種條件選擇教學目標，包括學生的需求、行為問題、能力、家長期望等，選擇適合學生學習的教學目標。
2. **發展性原則**：依學生的發展狀態，考慮其生理年齡、生理限制及具備能力，而後選擇教學目標。
3. **統整性原則**：教學目標的選擇安排不是零碎的、想到哪裡就規劃哪裡，應將學生的學習目標做一統整，而後設計適當的教學活動與內容。
4. **連貫性原則**：教學前後應連貫，尤其是具相關性之主題，更應依層次做整體的連貫。
5. **功能性原則**：目標的選擇應該是實用的，尤其是非升學取向的學生，學生應有能力也有機會將學習成果運用於生活中。
6. **彈性化原則**：在一個教學活動中，學生學習能力的個別差異可能很大，教師應依各個學生之學習目標，彈性安排課程內容和實施方式。

7. **社區化原則**：特殊教育課程應結合社區特性安排教學目標，規劃課程內容。

三、課程綱要運用的步驟

1. **評估學生的特殊需要**：教師利用正式及非正式的評量工具評估學生各項能力，包括生態評量、標準化工具等等，找出授課學生的個別及共同需求。
2. **確定教學目標**：依學生的條件需求，參考課程綱要，確定授課的教學目標。
3. **評量學生的起點行為**：評量學生在各教學目標下的表現水準，成為該課程中的起點行為。
4. **發展課程與教材內容**：依學生起點行為與教學目標間的落差，設計課程與活動，並用以設計教材內容。
5. **進行教學**：進行教學活動，以使教學達成目標，完成學生學習。

就課程綱要的精神而言，不應先有教學活動，才發展課堂的教學目標，而是先掌握應該進行的教學目標，再去發展設計可以達成這些教學目標的活動。而教學目標的決定，必須根據各種評量的執行而後訂定。但在教學中由於常常是多位學生進行同一活動，在現實條件下則多以共同活動為主，思考學生個別的教學目標，而後安排各學生的學習內容。

PART 2

教法篇

本篇談教法，主要從特殊學生各障礙類別及課程科目兩個向度探討身心障礙學生的教學方法。

教法篇

第三章

障礙類別的考量

本章針對各類障礙學生進行教學探討，從學習限制、教學原則及教學資源等了解對障礙學生的教學方法。其中有些部分會應用到本書後面章節的論點，例如教學技巧的應用，本章只做簡單的提醒，其詳細論點及應用則留待後面的章節介紹。

第一節　智能障礙

智能障礙為個人之智能發展明顯遲緩，且在學習及生活適應能力表現上有嚴重困難者（教育部，2002）。智能障礙學生在學習上的限制至少有二，一為智力表現，二為社會適應表現，這限制使其在學習行為上有明顯的落差。

智能障礙學生在學習上的限制

一、認知學習

智能障礙學生受限於智力，因此在認知學習上較緩慢，學習上的困難包括：

1. **認知能力有限**：智能障礙學生在抽象思考、邏輯推理、理解、問題解決的能力十分有限，在概念的理解及類化上常不理想，常識知識的學習也常因此明顯落後於同儕。例如對於「情緒」、「藝術品」抽象的名詞，「投降」、「政府」象徵性的名詞，智能障礙學生都較難以理解。

2. **注意力缺陷**：智能障礙學生容易受外在因素干擾而分心，或經常過度注意不相干的刺激，對有意義的刺激反而不能專注，並且不能同時注意各層次的事物（林美和，1992）。無法集中注意力的情況在一般認知的學習及較不感興趣的事物會更嚴重。
3. **記憶力缺陷**：智能障礙學生的記憶力差，尤其在短期記憶（short term memory）上有明顯的缺陷，對教導的事情須多次反覆練習及提醒，常常記不住他人所叮嚀交代的事，對於多個步驟的指令也很難記得。另外，長期記憶（long term memory）與運作記憶（working memory）亦較差，學習成效因此受到很大的影響。
4. **學習動機低弱**：智能障礙學生學習動機較為低落，在團體中往往不會主動參與活動，尤其是在認知課程的學習，其動機低落的現象更為明顯。且由於失敗經驗容易使他們在學習上的信心缺乏，而更不願意主動學習或積極解決問題。
5. **外控依賴表現**：智能障礙學生由於學習能力及經驗的影響，自信心較不夠，在學習表現上有外控依賴的傾向。意即在學習過程中常常需要他人的增強，例如點頭、鼓勵等，方有持續學習的動力或表現的信心。
6. **訊息處理缺陷**：智能障礙學生在訊息處理上有困難，例如進行事物分類須經過分析訊息、組織訊息、輸出訊息等步驟，智能障礙學生常難以表現。因此過於複雜的多層次分類工作常讓智能障礙學生感到困擾。

二、溝通能力

智能障礙學生在語言發展方面，不管在語言表達或語言接收上，均明顯落後於同儕。前者例如詞彙的長短、詞彙的總數或構音表達，較不理想；後者則難以理解談話者的語言內容或溝通形式，而形成不能適當對答的情形。

三、情緒表達及行爲表現

1. **不當情緒表現**：部分智能障礙學生難以控制情緒，亦不知如何表達自己的需求，而以哭鬧或其他行為問題表現，或由於已習得不當的情緒表達而出現不當行為。

2. **不了解社會規範**：智能障礙學生理解社會訊息的能力較差，常常不了解社會規範，而導致行為違反社會秩序。且因智能障礙學生的高層次思考能力較差，難以進行道德標準的判斷，所以可能受到他人教唆而有不當行為表現。
3. **人際關係不良**：智能障礙學生由於學習反應遲緩，也由於生活自理能力影響外在表現，常常難以融入同儕團體，未能獲得他人的認同，人際互動也不理想。
4. **自我中心表現**：智能障礙學生由於理解能力較差，難以從他人的立場理解他人感受，較自我中心，常無法理解他人的行為意義，使得其社會知覺較不良，社會關係因而受到影響。

四、生理動作

許多智能障礙學生之生理動作發展及體能狀況較一般學生緩慢。例如他們的身高、體重、骨骼或肌力、耐力、心肺功能發展常不及同儕，而大動作、精細動作的協調能力，或平衡感的發展也常不理想。雖然如此，仍有部分智能障礙學生在生理動作上有不錯的發展。

五、適應能力

1. **生活自理能力較弱**：智能障礙學生由於學習能力較差、動作發展較慢，常導致其生活自理能力較弱。一般而言，輕度智能障礙學生在社會適應及個人生活自理能力上，經過訓練均有不錯的表現。中重度智能障礙學生適應能力較差，可能在進入小學以後仍需要他人協助。尤其是重度智能障礙學生，常在如廁、清潔、穿著等食、衣、住、行各方面無法獨立完成。
2. **遷移類化能力有限**：智能障礙學生在學習遷移的表現差，學習的內容往往難應用於另一個情境中。例如若無特別教導量十杯米，則雖已學會數十支鉛筆，仍可能不會完成十杯米的計量。

智能障礙學生的教學原則

一、認知學習

1. **適性教導**：由於能力有限，教師對於智能障礙學生教導的內容、形式等，應該依學生的能力有所調整。例如課程講述應該配合學生的能力予以簡化，以達到教導的目的。在常規、活動持久力的要求上，也應依學生的能力及需求予以調整，不要形成學生太大的壓力，以免連帶地影響其參與活動的興趣、動機及學習效果。
2. **設計功能性課程**：對於學習能力有限的學生可以忽略較深的認知課程（如注音符號的學習、數字的加減法或抽象概念的學習等），並優先教導與學生生活息息相關的內容，使他學以致用。學生可以直接將所學應用於生活之中的課程，即功能性課程。
3. **吸引學生的注意力**：智能障礙學生的注意力較短暫，可運用策略引起智能障礙學生的注意，並配合生動活潑的教學過程，設計具有動態、具體、趣味性的教材，或利用增強制度增加學生的學習動機及提升學習的成效。此外，也應注意減少環境四周不必要的干擾，以便於教學過程中掌握學生的注意力。

教學內容不當引發學生挫折感

在某國中啟智班，陳老師正教導學生二位數加二位數，教了很久學生仍學不會，老師請小志做練習題，小志都沒動手。陳老師於是問學生：「小志啊，你為什麼不算啊？」

小志回答陳老師說：「老師，我不會算這個啦，我是中度智能障礙耶！」

4. **提供記憶策略**：避免提供智能障礙學生太繁瑣的學習內容，應以有條理、易記憶（如設計口訣）的方式呈現學習內容（見第八章），且應以精熟學習的策略（見第五章）提升學生的記憶效果。
5. **建立學生的自信心**：在教學上，從簡單適當的內容教起，塑造學生成功的經驗，增強其自信心，更能提升學生學習的興趣及動機。

二、溝通能力

1. **增加語言表達機會**：增加學生語言表達之機會，掌握自然情境教學法（milieu teaching）的技巧，不因學生的表達能力有限，而縮減其表達的機會或直接代替學生說（見第六章）。並應傾聽學生說話，充分了解他的意思，使其不會在語言表達上出現退縮的現象；又如在學生敘述不當時，進行示範，請學生複述一次，以提升其語言表達能力。
2. **簡化指令**：對於語言理解能力較差的學生，應該使用較為易懂而且清楚的簡短指令，必要時亦可加上手勢或動作的協助以達到溝通的目的。

三、情緒行爲

1. **情緒控制的訓練**：對於經常以不當方式表現情緒的學生，教師應該嘗試予以情緒控制的訓練，或教導情緒的認知與處理。若教師懷疑學生因為無法表達需求而出現行為問題，則建議藉由功能性評量了解其需求，並教以合適的溝通模式等。
2. **法規的基本認識**：對於可能違反社會規範甚至有觸法之虞的智能障礙學生，教師應該設計認識法律及社會規範的課程，引導學生表現適當的行為。在教導時建議以具體社會實例說明。
3. **同理心的訓練**：利用角色扮演、繪本的教學應用或機會教育，讓學生體會他人的感受，以避免學生過度自我中心而影響人際關係。例如以故事描述小明的鉛筆被偷，引導學生思考其心情如何等等。

四、生理動作

1. **注意營養攝取均衡**：對於生理發展遲緩的學生，應提醒家長特別注意學生營養的攝取，並時常追蹤其身高、體重、骨骼的成長狀況。
2. **進行體能及動作訓練**：對於動作協調落後或體能較差的學生，教師可在適應體育課程中，因學生的狀況設計不同程度的挑戰活動，或以感覺統合訓練安排學生動作練習的機會。
3. **結合復健之治療課程**：依治療師的評估結果，發展訓練及策略方案，融入教學過程中，以增進學生之生理動作復健功能。

五、適應能力

1. **生活自理能力訓練**：在提升智能障礙學生的生活自理能力上，建議以更具結構性的教學程序進行教導。例如藉由工作分析進行點餐、如廁、摺被子等的教學。而且教師應該將訓練課程融入日常的學習活動，進行隨機的、非正式的教學。
2. **無誤學習（errorless learning）的指導**：由於智能障礙學生常有固執的表現，因此對於智能障礙學生的教導要避免過多的說明或過多的刺激，才給予正確答案，而應直接教導他正確內容。一般所謂啟發式或推論學生應該會的教學，並不適合教導智能障礙學生。
3. **零遷移的教學**：引導學生將同樣的學習內容在各種情境中練習，以協助學生應用。例如在教室內學習交通符號，則應該安排戶外實際情境中的學習表現，學生方能在適當情境中應用，此即零類化或零遷移（zero-degree inference strategy）的教學概念。

智能障礙學生的教學資源

一、教學技巧

1. **自然情境教學法**：可嘗試運用自然情境教學法，為智能障礙學生進行隨機的或經事先設計的語言訓練。
2. **擴大及替代性溝通**：若學生語言表現有明顯的限制，尤其是重度智能障礙學生，應運用擴大及替代性溝通（augmentative and alternative communication, AAC）模式進行溝通表達能力的訓練。
3. **工作分析的教學應用**：智能障礙學生學習較為緩慢，對於教學內容除了需要耐心地反覆訓練外，還應該把學習內容分割為數個小步驟，讓學生依據步驟循序漸進精緻地學習，並可因此而增加成就感，此即工作分析的基本概念。
4. **感覺統合訓練**：動作或知動協調有問題的學生，可經過感覺統合評估後了解其能力現況，再設計視知覺、聽知覺、精細動作協調等等的感覺統合課程。建議請教職能治療師進行感覺統合的評估與課程設計。
5. **輔具應用**：經由生態評量了解學生的生活需求以設計輔具，例如溝通圖卡、穿衣勾等替代方案之器具。

無誤學習

為了教導智能障礙同學掃地技能，陳老師對全班同學示範一次掃地程序之後，將集中在畚箕中的垃圾撒在地上，請小志跟著表現一次。小志依陳老師的指示將掃除的垃圾集中在畚箕中，但是他也在最後不忘將集中好的垃圾撒回地上。

二、環境安排

雖然智能障礙學生的學習能力有限，但仍應在環境中安排充足學習的刺激，引導學生擁有各方面豐富的體驗學習經驗，此有助於提高學生學習的機會。

第二節 學習障礙

學習障礙，指統稱因神經心理功能異常而顯現出注意、記憶、理解、推理、表達、知覺或知覺動作協調等能力有顯著問題，以致在聽、說、讀、寫、算等學習上有顯著困難者（教育部，2002）；此外，1988 年，美國學習障礙聯合委員會（National Joint Committee on Learning Disabilities, NJCLD）在學習障礙的定義中，加上社會適應方面的困難，反映出對學習障礙學生社會適應問題的重視（Hallahan & Kauffman, 1997）。尤其是非語文學習障礙（non-verbal learning disabilities）學生，在社會情緒上常有很大困難。

學習障礙學生的類別相當多元，一般可從學科及學習特質兩方面進行分類。學科分類至少包括閱讀、算術、拼字、書寫等，學生很明顯地在某些學科能力表現上具有障礙，該方面的成就表現也較低。學習特質則包括注意力、記憶力、理解、知覺動作協調等等方面的缺陷，此也常使學生在學科表現上不理想。

學習障礙學生在學習上的限制

一、認知學習

1. **學習功能缺陷**：學習障礙學生智力正常，但因為學習功能缺陷，常導致學業表現低成就。而由於學習能力的限制，因此在學習上花費的時間及精力可能比一般學生多。

2. **注意力缺陷**：部分學習障礙學生具有注意力缺陷問題，容易受到外在刺激的影響，注意力無法集中或持久。可能表現在課堂學習中、在撰寫作業上，或者可能在與人談話應對中，這些現象均使他在學習成果上受到很大的影響。
3. **記憶力缺陷**：部分學習障礙學生在工作記憶、短期記憶、長期記憶、聽覺記憶或視覺記憶能力不良，此可能導致學生無法記住學習內容或交代的指令，例如無法重述剛才聽過的故事或看過的電視節目內容。
4. **難以運用策略**：學習障礙學生應用各種學習策略的能力不佳，例如複誦、聯想、組織、批判思考、自我監控等等，使其學習上較一般學生辛苦。
5. **學習意願低落**：學習障礙學生通常在學習上遇到相當的挫折，學習上的興趣及動機較缺乏，往往花費更多的精力和時間才能精熟學習內容完成作業，此情形容易使學生學習新事物的意願低落。
6. **認字困難**：部分學習障礙學生可能具有空間知覺或視知覺問題，而影響其認字狀況，如在認字上無法分辨「W、M」或「大、太、犬、天」等字形相近的字。而如果是屬於失讀症的學生，則甚至無法知覺文字符號，在認字上更顯困難。
7. **符號認知缺陷**：有些學習障礙學生具有符號缺陷的問題，對於抽象的符號，如 A、B、ㄅ、ㄆ、∞、θ、α等的認識或記憶，在認知學習上常相當吃力。
8. **訊息處理困難**：部分學習障礙學生訊息處理困難，其訊息輸出或輸入的處理可能出現障礙。例如他們可能無法從一篇文章或一段話中找出重要的訊息，或難以分析整合文章中的訊息。
9. **閱讀障礙**：閱讀障礙學生在閱讀學習上具有明顯的困難。例如他們在閱讀過程中速度緩慢，常常是逐字逐行的辨識。對於字詞也常有省略、替換、停頓、斷詞不當、錯置等現象，例如美好讀成好美。或者他們可能可以認得每一個中文字，可是串成一句話或一段文章時卻難理解其字意，在閱讀後難以完整說出內文大意或文中情節之前後關係。而且這些閱讀困難常導致他們在閱讀時緊張、無自信或不安，而使閱讀的問題更嚴重。
10. **書寫障礙**：書寫障礙學生可分為寫字困難及寫作困難兩類，前者可能因為精細動作或視知覺不佳導致筆順錯誤，部件錯亂，字形扭曲、鬆垮或字體規格有問題（見圖 3-1），字形、字音的相似字也容易寫錯，或抄寫時可能會看一筆寫一筆，速度相當緩慢；後者包括詞彙字庫有限，不能適當運用文字組織，及撰寫不合邏輯文法的句子或文章。

11. **數學障礙**：數學障礙學生在基本數學運算未能順利，或在解應用問題時遇到困難，例如忽略重要訊息卻注意不重要的訊息，並在答題時表現出不確定答案是否正確的態度。

二、溝通能力

1. **聽覺理解困難**：部分學習障礙學生可能因為聽覺理解困難，不了解對話內容又自覺須回應對方，於是找一個文不對題的內容回答，形成似懂非懂，或無法聽從指示的情形。另外在注音聽覺方面會有ㄔ與ㄘ或ㄜ與ㄦ等的混淆現象。
2. **口語表達能力失常**：部分學習障礙學生無法流利地表達自己的意思，或口語詞彙少，說話常詞不達意。

三、情緒行爲

1. **掩飾學習能力受限的行為**：學習障礙學生常常會以不同的行為，掩飾學業不佳的面子問題。例如學生可能會假裝老師沒有講清楚作業或身體不舒適來規避應繳交的作業；或者學生會喜歡指使同學做事，以表示自己的能力並不輸他人等等。
2. **掩飾學習受挫的情緒反應**：學習障礙學生學習常力不從心，面對師長或父

學習障礙學生的多元性

學習障礙學生的類型相當多元，每一類學生所表現的特徵及存在的問題差異很大，故作者在介紹這類學生時，多以「部分」指稱。

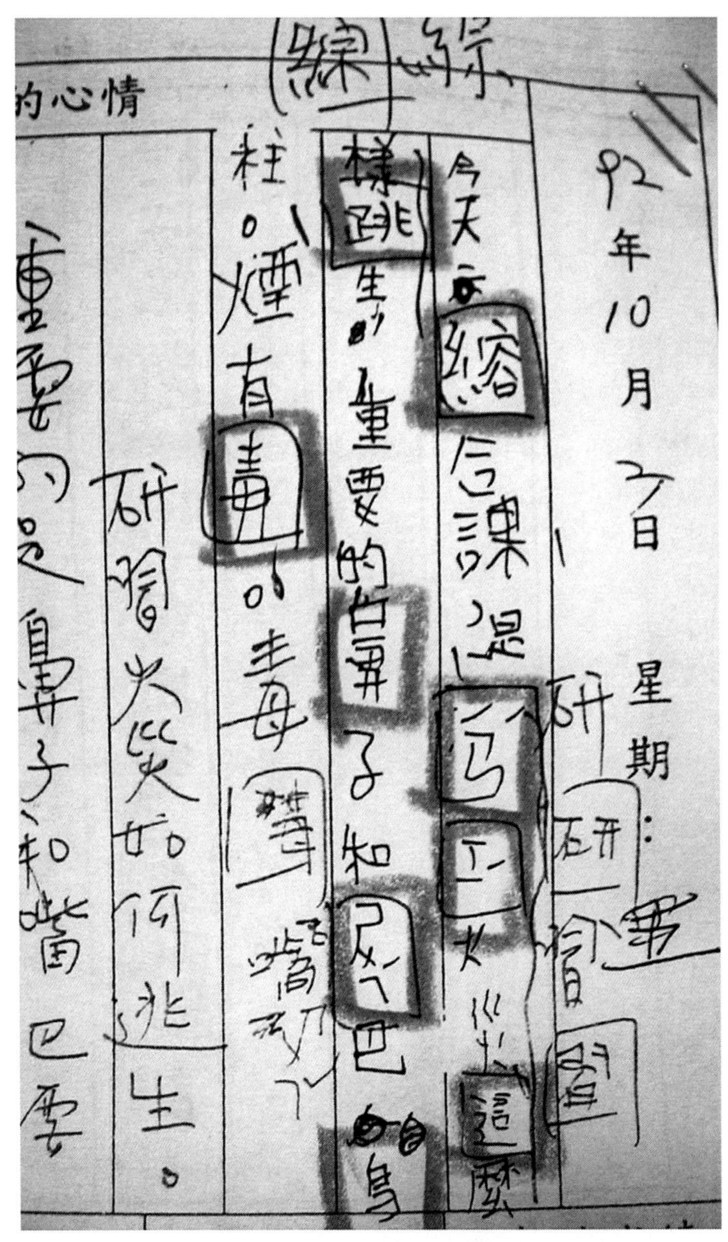

圖 3-1 書寫障礙學生的作品

母的壓力、責備、批評時，常出現過度激動反應，而有尖銳的言詞或防衛態度，例如頂撞父母。

3. **自信心低落**：學習障礙學生由於學習的失敗經驗常導致自信心低落，或不滿意自己的成就表現。且由於挫折經驗，常表現焦慮、沮喪或缺乏動機，使其潛能無法真正發揮。
4. **行為固執性**：學習障礙學生常在不當的反應後，仍重蹈覆轍，難以中斷反應型態，也很難轉換反應型態。例如和人談話時，團體已經改變談話主題，他可能仍持續地談之前的主題，從事活動時也可能在開始後即難以中止（胡永崇，1990；曾尚民，2002）。
5. **社會知覺困難**：社會知覺是指對他人行為意義與重要性予以辨認或了解，以及辨認社會情境、覺察他人感覺的能力（曾尚民，2002；Lerner, 2000）。許多學習障礙學生無法正確地解讀社會情境及他人的情緒或社會線索，而不了解他人的期待及需求，也不了解他人言語中所隱喻的意涵等（曾尚民，2002）。
6. **人際關係**：部分學習障礙學生與同儕人際互動困難，例如無法適當表達感激、缺乏同理心等，常因此妨礙與他人的友誼發展，或者難以理解他人面部表情所蘊藏的情緒意義（蔡淑玲，2001）。

四、生理動作

部分學習障礙學生有知覺動作協調方面的問題，所以在精細動作及方向辨

資優學障

資優學障學生在某些學業表現上具有明顯的差異，他們可能在一方面表現相當優異，在另一方面卻顯出較大的困難。常見越難的工作（例如深奧的邏輯推理問題）他們表現越好，基本簡單的工作（例如基本讀寫算速度）反而表現不佳。

識上顯得笨拙，常常因而影響其作業表現。或者視、聽、觸及運動知覺方面失常，而影響學生學習表現。

五、情境限制

部分學習障礙學生的生活及學習情境較不理想，例如處在過多干擾的學習環境，或者教師教學不當，使其學習成效更不理想。情境雖非形成學習障礙的主要原因，但是學習障礙學生可能因為學習情境限制，而使學習問題更易顯現出來或更為嚴重。

學習障礙學生的教學原則

一、認知學習

1. **多感官的教學形式（multisensory teaching）**：學習障礙學生可能因某些學習管道表現缺陷而影響其學習。因此，引導學生運用多元感官學習，便有機會透過優勢的學習管道而有較佳的學習成果。例如除了視覺以外，可

社會知覺障礙

五年級的作文課中，小雪寫著今天的作文題目「三十年後的我」：「今天的天氣不錯，我手指上戴著老公剛買給我的兩克拉大鑽戒，脖子上也掛著上個月生日才送我的紅寶石項鍊，帶著我的小孩到大安森林公園去玩。我們徜徉在花團錦簇的園區裡，到處都是人們羨慕的眼光。突然，路上衝出一個渾身惡臭、滿臉污穢、無家可歸的老太太，我仔細一瞧，「天啊！她竟然是我國小五年級的作文老師！」

老師評語：這一個星期你只能站著上課。

同時運用聽覺、動覺、觸覺進行刺激的接收與學習成果的表達，此即所謂視聽動觸法（visual, auditory, kinesthetic, and tactile, VAKT）。

2. **培養良好的學習態度**：當學習障礙學生不願意嘗試新課程時，教師應盡力輔導，運用增強制度鼓勵學生嘗試，以形塑學生正確的學習態度。
3. **提供彈性的作業時間**：對於因為學習限制而在作業完成及行為動作表現低落的學習障礙學生，如果教師仍然強制要求學生在一定時間內完成，可能導致學生緊張焦慮而表現更差。因此教師應給予學生彈性的時間，促使學生完成作業或提高品質，並得以提升學生的成就感。
4. **提供多元的評量方式**：一般的評量形式往往難使學習障礙學生發揮潛能，因此應該提供學習障礙學生多元彈性的評量方式。例如給予延長時間、口試、報讀、電腦作答、代謄答案。意即考慮學習障礙學生的能力限制，調整評量方式，以測出學習障礙學生的真正能力及展現最佳學習成果。
5. **調整作業單編製**：給予學習障礙學生的作業應依其學習特性彈性調整。例如對於視知覺有問題的學習障礙學生，作業的字體應予以放大分段，或畫輔助線，以便容易視讀；又如注意力缺陷的學生，不應在同一張作業上同時給予太多題目。此外，可教導學生作答技巧，例如填答時，以一題為單位，逐題完成為原則，或用白紙將未填答的題目先擋住，一次只呈現一個題目，最後再做檢核工作。教師亦可嘗試在作業中敘寫鼓勵學生的語詞，以提高學生的動機及成就感。
6. **引導解題技巧**：對於數學的抽象概念，教師可嘗試以實物或生活事件為例輔助說明，以學習數的概念（即社會建構理論應用，見第五章）。對於繁瑣的解題過程，則應該將解題步驟明確地教導學生（即直接教學法及問題解決策略應用，見第五章）。
7. **分析課程內容**：教師分析學習內容讓學生了解課程，或於解說題目時，使用不同的方式分析，之後並請學生重述，以確定學生理解其學習的內容。
8. **發展學生學習優勢**：許多學習障礙學生具有某些學習上的優勢，教師可加以掌握並進行學生學習的引導。例如對於閱讀能力較差而圖像學習為其優勢的學生，則可以在教學中善用圖片的呈現或教導學生心智圖法及運用相關繪圖整理學習內容，引導學生進行聯結思考。

9. **善用提示技巧**：對於有衝動思考的學生在做練習時，須隨時運用提醒語或強調關鍵字，例如製作提醒卡或在作業角落呈現提醒語：「該進位的有沒有進位？」引導學生運用後設認知檢核自己的學習狀況。
10. **方案加強注意力訓練**：對於常常漏題或注意力無法持久的學生，應設計各種方案以增加其注意力的時間。例如設計遊戲或競賽的活動課程、將作業字體的顏色做變化，以增加學生學習及撰寫作業的興趣；或以自我控制的方式增加其維持注意力的時間。
11. **善用評量了解學習問題**：學習障礙學生的學習問題非常多元，其應對策略難以單一涵蓋。教師可嘗試使用標準化測驗，如檢核表、智力測驗、歷程測驗等，或者非正式的評量方式，如觀察、動態評量等，蒐集了解學生的問題所在，找到學生問題的傾向之後方可對症下藥，發展適當的策略。

二、人際溝通

1. **教導傳達訊息技巧**：對於聽覺理解能力有限或自信心不夠，而不能掌握教師所傳達訊息的學習障礙學生，教師應確認學生訊息的接收狀況，例如請學生複述作業內容或所交代指令。
2. **訓練重組表達能力**：對於談話的內容陳述零亂缺乏邏輯的學生，請其重述內容，若仍不理想時，教師應示範較完整適當的敘述方式，並請學生模仿複述一次。經由隨機性的反覆練習將可以訓練學生的表達能力。

三、情緒行爲

1. **培養負責任的態度**：對於習慣以能力有限為理由逃避作業的學習障礙學生，教師應引導他正視自己的責任，利用自我控制的策略培養負責任的態度，並教導尋求支援、運用資源，進而發展良好的待人處事模式。
2. **建立自信心**：學習障礙學生由於自信心低落常無法有理想的行為表現。教師除了引導學生了解並接受自己的障礙之外，並應嘗試發掘其長處及優勢，增加其自信心。
3. **教導適當的社會行為**：教導學習障礙學生適當的社會行為表現，例如教導學生如何適當接納他人的觀點、進行交談、遵從指示、與人協商、給予他人正面的回饋、解決問題、面對來自同儕不當的壓力，以及參與團體活動等等（曾尚民，2002）。

四、生理動作

對於知覺動作協調困難的學習障礙學生，可透過操作性作業，訓練其精細動作表現，提高協調活動能力。必要時可請職能治療師評估後給予建議，並融入課程中。

五、情境安排

1. **妥善安排學習情境**：學習障礙學生若處於不理想的學習情境將更不利於學習。教師應適當安排學習情境，以提升學生學習效益，例如安靜的情境、整齊有規劃的擺設布置、生動活潑的教材教法等。
2. **增加學生學習機會**：對於學習機會較少或文化不利的學習障礙學生，教師應該引導學生探尋更多學習的機會，如語言練習、觀察討論等，並盡可能請家長配合，或協助尋找社區資源進行課後輔導等等。

學習障礙學生的教學資源

一、教學技巧

學習障礙學生智力正常，具有認知學習的基礎能力及潛能，教師教導學習障礙學生時，應先引發其學習興趣及動機，再教導學習策略，如自我指導策略、自我控制策略等。而對於某些難克服的能力限制可嘗試繞過其障礙，透過其他的優勢管道表現。例如視知覺困難的學生，則可以強化聽覺管道的學習。

二、輔具應用

學習障礙學生在學習上的困難，可利用輔具減低其在機械性工作上的負擔。例如對數學學習障礙學生以計算機替代其紙筆計算，又如書寫障礙的學生利用電腦進行書寫。

第三節　語言障礙

語言障礙為語言接收或語言表達能力具有偏誤或遲緩現象，而造成溝通困難，包括構音障礙（articulation disorders）、聲音異常（voice disorders）、語暢異常（fluency disorders）及語言發展遲緩（speech language delayed）（教育部，2002）。

語言障礙學生在學習上的限制

一、認知學習

語言障礙學生認知發展因語言障礙類型而有差異，一般而言構音異常、聲音異常或語暢異常的語言障礙學生，其認知及學習能力與一般同儕並無太大差異，智力普遍正常。但是語言發展遲緩，則可能因為詞彙數量較少或語言理解受限而影響認知學習。

二、溝通表達

1. **構音障礙**：語言障礙學生若是構音障礙，包括省略音（例如將「有」說成「ㄡˇ」）、替代音（例如葡萄說成「ㄅㄨˊ」萄）、添加音（例如電視說成電「ㄕㄨˋ」）、歪曲音（例如發出注音符號中不存在的音）、聲調錯誤（例如二聲音說成三聲音）、含糊不清等情形，皆屬構音障礙的語言障礙學生。
2. **聲音異常**：聲音異常語言障礙學生在聲音品質、音量大小或聲音共鳴與其性別或年齡不相稱，因而在表達時易使自己及對方覺得怪異不舒服，亦容

易使他人過度注意聲音如何形成，反而忽略說話的內容，進而影響人際互動溝通。

3. **語暢異常**：部分語言障礙學生的問題在於說話之流暢度，例如有不自主之重複（例如說老老老……師）、延長（例如說老—師）、中斷（例如說老，師）、首語難發（例如說—老師），或急促不清等現象者。口吃或俗稱的「大舌頭」即是語暢異常的語言障礙學生。

4. **語言發展遲緩**：語言發展遲緩的成因有下列二者，其一為智力因素，多數智能較低落的學生，往往伴隨語言發展遲緩的問題。其二雖已排除智力及其他發展因素，但在詞彙的使用上仍明顯與其年齡不符，部分學習障礙學生即為此類語言發展遲緩的學生，此常常被界定為特定型語言障礙（specific language impairment, SLI）學生（錡寶香，2002）。特定型語言障礙學生的語言發展未必遲緩，但是常因語言表達困難，而容易讓他人誤會語言障礙學生的詞彙有限，或有認知功能低落的現象。而部分語言發展遲緩的學生，也常兼有構音不清、語意不明、語彙有限、語法雜亂、語用不當之現象，在語言理解或語言表達方面，也常較同年齡明顯低落。

三、情緒行爲

1. **害羞內向**：許多語言障礙學生與人互動溝通時，因常出現不愉快的經驗，

構音障礙

有一天老師出了作業「手掌畫」，叫小朋友回家把作品完成，隔天帶來打分數。次日，老師發現小雨畫了圓圓相連的東西，旁邊還寫了「ㄆㄧˋㄍㄨˇ」。

老師不解地問小雨：「你為什麼畫了這個東西呢？是誰教你的？」小雨含著淚光說：「老師，是你叫我說髒話的，媽媽說屁股就是髒話。」

而顯得害羞、缺乏自信，與人對談時常有音量偏小的情形。

2. **焦慮表現**：許多語言障礙學生在團體溝通表達中出現焦慮的情形，導致其語言表達狀況更加不理想。例如語暢異常的學生在團體中發言時，常會出現比平常更嚴重的語暢問題。
3. **人際關係不良**：語言障礙學生由於語言表達能力的限制，常導致他人不喜歡與其互動而出現人際關係問題。

四、生理動作

有些語言障礙學生的語言表達問題屬於器質性成因，例如舌繫帶過緊、過短、過厚，或舌頭構造、唇顎裂、口腔肌肉問題。這些問題將明顯影響學生構音及音質表現。

語言障礙學生的教學原則

一、認知學習

對於認知能力較差導致語言發展遲緩的學生，應建構豐富的語言刺激學習環境，以增加學生語言表達機會，並提升語言理解能力，藉此激發其在認知方面的學習。

語言障礙 vs.學習障礙

部分學習障礙學生具有語言障礙的問題，例如語言理解、語用問題，而導致其語言表達受到影響。因此兩者間有時會難以區分。香港學習障礙學會甚至已將特定型語言障礙列為學習障礙類型中的一種（錡寶香，2002）。

二、溝通能力

1. **構音矯正**：教師可利用唇（例如嘴唇塗上口紅印在圖畫紙上進行繪圖創作）、舌（例如舔棒棒糖、舔冰淇淋）、呼吸（例如吹羽毛、吹喇叭、使用吸管吸飲料）、舌根活動（例如漱口遊戲）等，訓練學生發音技巧，以協助矯正構音。教師可與語言治療師討論，並設計訓練活動及課程。
2. **音量大小的控制**：對於音量控制不當的學生，教師可進行音量控制訓練，例如在空曠的場合訓練音量放大，或藉由遊戲進行音量大小的訓練。又如對音量習慣過大的學生，可以自我控制的策略訓練其以小音量發聲，例如每天早、中、晚對著自己說一次：「我講話不要太大聲。」
3. **運用複述訓練流暢度**：學生語言表達不順暢時可立即請其重述。通常學生對相同的內容做第二次表達會較為順暢，藉此教師可以訓練學生表達的流暢能力。
4. **詞彙表達訓練**：對於語言發展遲緩的學生，可使用重複、模仿、發問、造句、回饋等技巧與學生充分互動，並透過教師示範，增加學生語言詞彙量及提升表達的技巧。
5. **利用擴大及替代性溝通**：對於部分無語言的學生，若各種方法均不能有效提升其語言能力，則應予以擴大及替代性溝通訓練，提升學生語言溝通的能力。

三、情緒行爲

1. **建立說話的信心**：對於語言障礙學生應該建立其表達的信心，適時給予鼓勵增強，方能引導他適當表達。
2. **訓練在團體中表達**：提供學生在團體中表達的機會，並藉由各種技巧，如深呼吸、自我指導或自我控制策略，控制其焦慮感，並訓練其在團體中說話的穩定度。
3. **對同儕的輔導**：教師可對同儕進行輔導，提升語言障礙學生的同儕接納及正面回饋，以增加語言障礙學生與他人溝通互動的機會。

四、情境安排

提供語言發展遲緩學生豐富語言刺激的情境，並利用機會與學生溝通互動，激發其語言表達能力，提升其語言表現。

語言障礙學生的教學資源

一、醫療的檢查與介入

有些語言障礙學生的語言表達問題是因為器質性因素所引起。教師若發現學生只是單純的構音或音質問題，則首先應建議家長前往醫院做發音器官的生理檢查。一旦找到器質性問題，並盡早治療，對於構音問題及音質表現將可以有效地解決。

二、教學技巧

對於語言表達有限制的學生，教師可嘗試透過自然情境語言教學法、結構式教學法（structured teaching）等進行教學。

三、輔具應用

若學生在語言表達上有嚴重障礙，例如發聲器官或語言神經系統受到損傷，語言訓練對其語言表達並無助益，則應發展輔助工具進行溝通，包括電腦語音溝通系統、圖卡、溝通板等擴大及替代性溝通輔具等的應用。

第四節　視覺障礙

視覺障礙，指由於先天或後天因素，導致視覺器官之構造缺損，或機能發生部分或全部之障礙，經矯正後對事物之視覺辨認仍有困難者（教育部，

2002），視覺障礙學生在學習上的限制乃來自於缺乏視覺刺激。

視覺障礙學生在學習上的限制

一、認知學習

1. **學習容易分心**：視覺障礙學生在上課時，因為無法透過視覺管道接收訊息，常出現不專心的情形。尤其在教師沒有出聲的情形下，視障學生可能認為課程中止而分心。
2. **被動的學習現象**：視覺障礙學生受限於視力，往往較不主動探索生活環境或參與活動，較不主動積極學習，進而影響其學習成就。
3. **學習動作緩慢**：視覺障礙學生抄寫板書速度緩慢，可能還沒抄寫完，老師就已經擦掉板書內容，導致在課堂學習受限，跟不上其他同學的作業進度。
4. **全盲學生的學習限制**：全盲學生由於缺乏視覺線索，甚至連光覺都沒有，在學習上有很大的困難，尤其是一些需要視覺輔助學習的內容，例如（劉信雄，1989）：
   ⑴視覺認知學習困難：視覺障礙學生在與視覺有關的認知學習上，常需要靠背誦的方式記憶。例如顏色（如蘋果為紅色）、巨大物品（如火車、山的形體）、藐小物體（如螞蟻）、遠距離（如星星高掛在空中）等概念的學習，有相當大的困難。
   ⑵抽象概念學習困難：視覺障礙學生由於視覺刺激有限，感知環境經驗較貧乏，因而影響其概念的學習。包括：抽象概念、形容詞、副詞等的學習，如「表情」、「湊熱鬧」；完全依賴視覺的抽象概念，如「飛躍」；必須體驗的概念，如「危險的火」、「化學藥品」等；太複雜的組合體，如「工廠內部」、「手錶的內部構造」等。對於先天視覺障礙的學生，在此方面的學習問題更為明顯。
5. **弱視學生的學習限制**：弱視學生雖然有殘餘視覺，可粗略感知周遭的物體、顏色、光線等，但是在視力運用的學習上仍有相當的困難，例如（劉

信雄，1989）：

⑴距離的估計：對於弱視學生，一定距離以上均算遙遠，因此兩千公尺和兩百公尺對學生而言乃難以區辨。

⑵相對物體速度的判斷：弱視學生在相對物體速度的判斷上常有困難，如快慢對弱視學生而言是難以判斷的。

⑶細部的觀察：弱視學生觀察太精細的結構物體時，所看到的影像常糾結在一起，在辨識上有相當的困難。

⑷整體與部分之把握：弱視學生或因為視野太窄、或因為視力限制，常導致部分影像歪曲，難以掌握整體與部分之關係。而大件物體的輪廓對弱視學生也難以確切掌握。

二、溝通能力

1. **過度依賴聲音**：視覺障礙學生與他人互動多依賴聲音刺激，也因此對他人的談話內容或環境中的聲音會有較敏感的反應。
2. **肢體語言較少**：視覺障礙學生難以察覺他人肢體語言的意義，因此忽略肢體語言的適當表現，溝通時多以靜止的姿態進行交談，且交談者的肢體語言對學生通常不具意義。
3. **難以眼神傳達**：視覺障礙學生與他人溝通時，常不自覺地側著耳朵，以便利提取交談者的聲源。其眼睛常不知道要面向對方或看著對方，以至於在與人溝通時容易出現讓明眼人不習慣的形式。

三、情緒行爲

由於對環境較無法掌握，視覺障礙學生在陌生環境中，有較依附他人的情緒表現。意即在陌生環境中，視覺障礙學生常需要有親人在旁，才有較大的安全感。

四、生理動作

1. **知動發展較遲緩**：視覺障礙者在嬰幼兒時並無動作發展上的異常，但是隨著年齡的增長，會因為缺乏視覺刺激以及他人的過度保護，容易在空間能力表現較差而影響其動作發展。

2. **行走動作異常**：部分視覺障礙較重度的學生，會有一些不合宜的行為表現或習慣動作。例如揉眼睛、身體前後擺動、弓身縮頭，或貼著牆壁行走等不良姿態。
3. **視覺退化明顯**：多數視覺障礙學生具有殘餘視覺及光覺，若未予以適當保健，則其退化情形常比一般學生更快速。
4. **心理地圖建立困難**：視覺障礙學生，尤其是全盲者，不易建構完整的心理地圖，因此對於行動及方位的辨認有很大的困難。若所指示的方向不明，則對於視覺障礙學生的行動無所助益。
5. **環境適應困難**：視覺障礙學生活動的環境需要簡單有規則性，若過於複雜或隨意改變，則對其活動將造成很大的困擾。

視覺障礙學生的教學原則

一、認知學習

1. **提供多感官的學習管道**：鼓勵學生運用多感官（聽覺、觸覺、動覺、嗅覺或味覺）進行學習，並以實物具體操作，協助學生更清楚地認知物體。例如頻繁地用手觸摸教具或以鼻子嗅聞物體；又如以模型觸摸及說明放大倍數以了解大象的形體。
2. **引導參與課程活動**：在行動或操作活動過程中，老師或同儕適時以肢體引導學生參與活動，同時以口頭具體描述現在的活動形式、內容或進度，以便視覺障礙學生融入課堂學習。
3. **帶領參與各類活動**：教師不應因學生的視力問題減少其學習機會，相對地，應積極帶領學生參與各類靜態與動態活動，接觸並體驗不同的事物與活動。
4. **注意教具的特性**：提供視覺障礙學生的教具應以色彩鮮豔、顏色對比強烈，甚至會動、能發出聲音的教具為主（例如有聲計算機），以提升弱視學生對物品的應用能力，並從中學習認知事物。

5. **培養良好的學習狀態**：視覺障礙學生若上課容易分心或被動學習，教師應以言語提醒或肢體協助來培養其良好的學習習慣。但教師仍應讓學生認知並習慣沒有聲音時，許多活動仍可能正在進行。
6. **善用輔具**：教師應盡量利用學習輔具，為視覺障礙學生擴充學習的機會，例如點字書、放大字體書籍、放大鏡、望遠鏡、有聲手錶。又如增添有聲圖書、有聲字典或訓練學生操作錄音機的技能，幫助學生藉由聽覺進行更有效的學習，培養學生獨立學習的能力。
7. **結構性呈現學習內容**：教師在課堂中切忌上課主題跳來跳去，板書也不應東寫西寫，使視覺障礙學生無法將所學內容做有系統的連結。對相關之學習內容，要注意呈現之連貫性及整體性，以便利學習的統整及吸收。
8. **多用具體之實務教學**：教師應多提供具體實物引導學生學習各種知能，例如教二分之一的概念，則可引導學生實際均分實物以體驗學習。
9. **彈性調整課堂學習行為**：教學過程中，要允許並鼓勵視障學生依其需求調整課堂學習行為，例如以錄音機錄製教師講課內容，以望遠鏡輔助或走到前方閱讀板書。

二、溝通能力

1. **加強聽覺溝通**：教師可訓練學生善用聽覺管道進行溝通，例如訓練學生在與人談話後，立即回想重點或默念內容。並引導學生注意先聽後說，不要搶說插話的溝通原則。
2. **訊息接收的確認**：教師應確認視覺障礙學生是否已理解課堂中所交代的指令或傳達的訊息。例如對於作息時間的更改或活動的變化，須先有口頭說明，再適時以肢體引導學生，讓學生明確地知道接續要進行的程序或步驟。
3. **培養一般的溝通型態**：培養學生一般明眼人常用的溝通模式，例如可增加肢體語言、正向面對說話者、注意說話姿勢儀容等，以便與明眼人溝通時不致讓對方覺得奇怪。

三、情緒行爲

1. **降低缺乏安全感的焦慮**：學生在陌生的情境或從事不熟悉的活動時，最好事先告知，如果無法事先告知，必須立即向學生解釋說明情境內容、活動流程及進行方式，以免造成學生不安。
2. **養成求助的習慣**：教導學生在需要協助時，主動向同儕或師長請求協助，以避免無法完成事件而焦躁不安。
3. **提供表現機會**：教師應注意不因為學生的障礙問題，而剝奪其表現或與他人互動的機會。相對地，應該盡量安排學生在班上表現及與他人互動，使之獲得團體的肯定及接納，以協助學生發展正向的自我概念。

四、生理動作

1. **訓練定向行動**：視覺障礙學生最需要的技能之一為行動能力。有些師長因擔心學生遭遇危險情境，造成過度保護而剝奪學生發展獨立行動的能力。教師應培養學生正確方向及方位等空間知覺能力，並訓練學生獨走、人導法、手杖法、犬導法、感覺輔走工具應用等，各種形式的行動能力（見第四章第十三節）。
2. **保持正確的體態**：為了避免學生不良姿勢影響未來的行走習慣及體態，應該從小就培養學生在行走坐站等，均保持合宜的姿勢體態。
3. **保健殘餘視覺**：利用殘餘視覺不但可增進學生學習效果，同時也可以提高其視覺效能。因此在教室內應注意維持良好的視覺環境，避免光線過暗，並協助學生保持良好的閱讀習慣，如適時地讓眼睛休息、避免光線直射及進行眼部按摩，同時提醒家長定期帶學生至醫院做視力的追蹤檢查。並請教家長、醫師有關學生視力保健的訊息，包括顏色、形狀、字體大小及光線等，對學生的影響。
4. **教導明眼學生帶領技巧**：教導明眼學生帶領視覺障礙學生行動的技巧，若明眼學生協助方式不適當，則可能阻礙視覺障礙學生的行動。例如帶領視覺障礙學生時，應隨時告訴他環境中可以幫助他定向的各種訊息，如「在你的正後方五公尺處是校門，在你的右手邊三公尺處有斜坡道，可以到達學校的高樓層」。並且注意在行走過程中不要推視障學生或拖他、拉他，只要將手肘自然垂放，讓視覺障礙學生在斜後方握著明眼學生的手肘便可。

5. **安排體能訓練**：視覺障礙學生也應安排適當的體能訓練。適合視障學生的運動如健走、健身房器材正確操作、舞蹈、保齡球等，都是不錯的體能訓練課程（黃雪芳、張自，2004）。

五、情境安排

1. **環境安排結構化**：教室的區塊規劃應可明顯辨別，硬體環境與物品擺設要結構化且固定，無論在環境或物品擺置上均不宜做太頻繁的變化，以免造成視覺障礙學生在學習上的困擾。
2. **安排無障礙環境**：視覺障礙學生所處環境應特別注意安全，例如高懸的物體，可能威脅視障學生的安全；未完全閉合的門板，可能阻礙視覺障礙學生行走之流暢性；高低不平的走道，則容易使視障學生失足造成傷害。
3. **提供有效的指引標示**：利用便於觸感或顏色鮮豔的標誌，提供視覺障礙學生有效的指標，引導學生主動探索。例如以大型或顏色鮮豔的標誌引導弱視學生辨別環境，包括樓梯扶手、牆壁、教室門口等。另外，學生日常用品或設備應貼上便於觸感辨識的標示物，例如在置物櫃或杯子貼上魔鬼氈或凸出物。
4. **安排同儕的協助**：視覺障礙學生的鄰座應安排熱心服務負責任的學生，以便在該生有學習生活上的需求時，提供適時的協助。
5. **提供環境模型圖**：例如準備學校模型圖，以供視覺障礙學生建立校園的心理地圖，方便在校園內行動。
6. **保持安靜的學習環境**：注意保持教室的安靜，以免干擾視覺障礙學生接收課程內容及相關訊息，確保學生聽覺方面的學習機會。

視覺障礙學生的教學資源

一、教學技巧

為了確保視覺障礙學生的學習效果，教師教導視覺障礙學生的知能尤為重要，包括點字教學的技能、輔具設備的使用、視障教具的評估使用、學習情境的設計等。

二、輔具應用

對於弱視的學生應提供放大字體的教科書、試卷及講義，並測試學生適當的字體放大程度（如圖 3-2）。對於全盲的學生則應提供點字書或模型圖。又如點字字典的運用，也成為必要的工具。另外，如有聲休閒用品（如有聲乒乓球、籃球）等，都是不錯的學習或生活輔具。

三、進行功能性視覺評量

是從日常生活環境中了解視覺障礙學生的視覺現況。功能性視覺評量（functional vision assessment or evaluation）是評估視覺障礙學生在日常生活情境中，利用殘餘視覺來完成日常生活活動的情形，如最佳的閱讀狀況是放大幾級字、適合的字體為何，或了解學生尋找地上珠子的表現、模仿教師動作的表現等等（何世芸、吳淑卿，2004）。

字體大小 12 P

休閒教育 16 P

定向行動 20 P

點字課程 24 P

春夏秋冬 28 P

最佳效果 36 P

用功讀書 48 P

心情複雜 56 P

圖 3-2 視覺障礙學生閱讀字體大小測試

第五節　聽覺障礙

聽覺障礙，為聽覺器官之構造缺損，或機能發生部分或全部之障礙，導致對聲音之聽取或辨識有困難者（教育部，2002）。聽覺障礙學生在學習上的限制主要來自於缺乏聽覺刺激。

聽覺障礙學生在學習上的限制

一、認知學習

1. **概念的學習困難**：聽覺障礙學生由於在學習上較缺乏聽覺刺激，抽象思考能力較弱，對於概念的學習往往效果較差，例如「曲折離奇」等詞彙概念較難掌握。
2. **學習反應較慢**：聽覺障礙學生由於聽力限制，通常對指令的反應較慢。尤其學生若不會讀唇，在語言接收上更顯困難，容易導致他在學習反應上較為緩慢。
3. **注意力較不集中**：聽覺障礙學生常常因為無法聽取課程內容而分心。尤其在需要聚精會神專心傾聽的學習課程中，更容易因為缺乏專注而無法維持良好的學習狀態。
4. **語言文法結構問題**：聽覺障礙學生由於聽覺接收訊息困難，使其寫作的文法及結構容易出現明顯的錯誤。且由於自然手語文法與國語文法不同（例如「我回家」，手語要打成「我家回」），對於使用自然手語的學生造成在語用上有更明顯的干擾。

二、溝通能力

1. **語言表達能力差**：聽覺障礙學生發音的學習是來自於他的聽覺，因為他聽到的音不精確，發音因此扭曲。因此常有顯著的構音障礙。在學習語言時也因為訊息接收困難，表達的詞彙明顯落後於一般同儕。

2. **語言表達不當**：聽覺障礙學生可能因為聽力有限以及自信心不夠，常急於表達，說話因而過於急促。有時也會隨意地發聲，出現一些無意義的口語詞彙或發聲現象，阻礙了與他人的溝通。
3. **聽覺理解能力差**：一般聽覺障礙學生因為聽力限制，學習經驗不足，導致他們運用語言的能力較差，聽覺理解較薄弱，相關的學習問題也因此較為嚴重。
4. **輔具的運用成效有限**：一般教師容易誤認聽覺障礙學生戴上助聽器後，聽力即可恢復正常。事實上，聽覺障礙學生戴上助聽器後，仍可能有其他的問題。例如許多聽覺障礙學生在配戴助聽器後聽力改善狀況有限，無法恢復到正常的聽力。且一般助聽器將環境中所有聲音同時放大，因此環境中的噪音也將被放大而使學生身心不舒適，聽覺品質並不佳。又如裝置人工電子耳學生，所接收的是電子脈衝的聲音，與聽人感受到的聲音並不相同，其聽力也並未因此恢復正常，必須經由聽力復健，訓練良好的聲音感受狀態，方能提升其聽覺接收力。
5. **過度依賴肢體動作溝通**：由於聽力不良的限制，聽覺障礙學生常常不喜歡以語言而喜歡以肢體動作與他人溝通，造成許多學生其實有語言能力，卻以喑啞的個案表現。
6. **過度專注察顏觀色的溝通**：聽覺障礙學生由於難以藉由聽力與他人互動，常常觀察他人的表情來臆測對方意思再應答他人的問題，因此眼睛常直盯對方的臉部表情及常有回答文不對題的情形。

三、情緒行爲

1. **害羞內向**：聽覺障礙學生由於與他人溝通較為困難，往往造成不喜歡與他人互動，或退縮害羞的表現。
2. **急於表現自己**：有些聽覺障礙學生由於聽力及語言的限制無法與他人互動良好。一旦有機會便急於表現自己，而容易出現不當的行為。

3. **容易猜疑**：聽覺障礙學生常常因為不能了解他人的談話內容，而對他人產生猜忌懷疑，也因此易與他人產生敵對狀況。此性格容易導致他在人際關係上不受歡迎。
4. **小團體的交友限制**：聽覺障礙學生常常在社交範圍上有侷限的現象。尤其如果班上同時有兩位以上的聽覺障礙者，則他們容易形成小團體，而與大團體出現隔閡。
5. **行為反應不當**：聽覺障礙學生對周圍環境的噪音或聲音較少反應，或者看見旁人動作時，才盲目跟著反應。因此他們的某些反應並非出自於自己的想法或感受。

四、生理動作

如果聽覺障礙學生的平衡機能也受到損害，則在行動上會有不穩定或易暈眩的情形，而影響其行為動作表現。

聽覺障礙學生的教學原則

一、認知學習

1. **適當選擇教材**：教師應注意因應聽覺障礙學生的學習限制，挑選適當的教材，及運用適當的互動方式引導學生學習，則能提升學生的學習效果。
2. **引導多感官學習**：聽覺障礙學生喪失聽覺學習管道，教師應引導學生透過其他感官進行學習，例如視、觸、嗅、味，或讓學生實際操作體驗，進行多感官學習。
3. **給予足夠的反應時間**：由於聽力的限制，聽覺障礙學生的反應一般較為緩慢，教師應多予以時間耐心等待，鼓勵學生表現，避免剝奪學生學習的機會。

二、溝通能力

1. **聽能訓練**：無論聽障學生損失多少程度的聽力，都應該提供聽覺訓練的機會。聽能訓練是指教導學生運用殘餘聽力，以分辨環境中存在的各種聲音，使其語言與溝通能力得以獲致更大的發展。聽能訓練的內容包括：⑴感覺聲音的存在；⑵分辨聲音（樂音、噪音）；⑶分辨語音；⑷分辨語調與語句；⑸文句與文章的聽覺理解。而其第一步是要適當地區分聽障學生為兩組（陳小娟，1991）：
   - ◆聽覺組：聽覺組在感受聲音的頻率變化，主要是對聽覺較好的學生進行語音的聽辨訓練，例如訓練學生判斷聲音（例如以紙遮口讓學生指稱老師讀的是今生還是新生）、樂音、噪音分辨、高低音分辨、音調分辨（例如以紙遮口讓學生指稱老師讀的是句子還是橘子）、大小聲音分辨（例如放音樂，請學生辨認聲音變大舉右手，聲音變小舉左手）、音素察覺、字詞辨識與句子理解等等。
   - ◆觸覺組：觸覺組主要在感受聲音的音量變化，對於聽覺很弱的學生，不要求他們聽辨訊號中的頻率變化情形，而訓練學生聽辨訊號的長短、大小與數目的變化。首先訓練學生覺察聲音的存在，然後讓他們對一般聲音做反應（例如學生分辨大聲跟小聲，快拍與慢拍），最後分辨聲音出現的次數。
2. **發音訓練**：教師利用多感官學習及結構化課程，教導聽覺障礙學生正確發音，例如以照鏡子及觸摸喉嚨的方式了解發音原理。訓練之初先讓學生模仿較大的嘴部運動，然後再模仿較小的嘴部運動，最後才模仿說話的運動。此訓練應越早越好，否則等待學生年齡更長，發音習慣已定型，則難以矯正其不當的發音（陳小娟，1991）。
3. **掌握學生的醫病史**：教師應了解學生的聽力損失病史，以掌握學生的學習經驗。例如學生如果是語言前聾，尤其是一出生即失聰的學生，在學習語言上會有更多的限制，常常有嚴重的教育問題，教導時則須更注意發音與聽力的課程訓練。

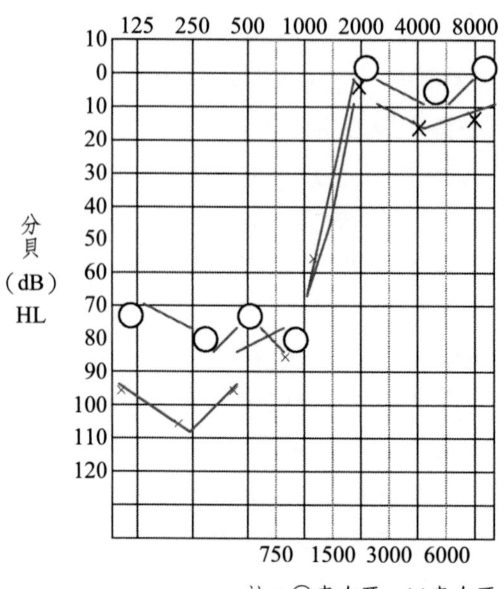

圖 3-3　純音聽力檢查圖

4. **掌握學生的聽力條件**：教師應該首先了解學生的聽力損失情形，而後進行溝通互動的計畫。每位學生在不同音頻上聽力損失的情形不一，應視其聽力優勢而有不同的策略。例如學生如果是在低音頻損失較嚴重，高音頻較無問題（如圖 3-3），則教師應盡量用高音頻的音調與學生交談。
5. **鼓勵學生善用殘餘聽力**：大部分聽覺障礙學生仍有部分殘餘聽力，教師應鼓勵學生運用殘餘聽力，以避免學生懶於運用聽力進行溝通而致使聽力越形遲鈍。
6. **掌握聽覺理解力**：一般認為聽覺障礙學生只要能聽到聲音，學習問題即可解決。然而聽力與聽覺理解能力不完全相符。若學生因為輔具的關係，已提升聽覺能力，則教師仍應再確認學生對於學習內容的理解程度。
7. **多元的溝通方式**：在學生尚未發展穩定的溝通技巧前，老師宜運用各種可能的方式以達溝通目的，並同時鼓勵學生透過各種管道與他人溝通，即所謂「綜合溝通法」，包括筆談、手勢、表情、讀唇、殘存聽力、實物或圖片應用等方式進行溝通。

8. **鼓勵學生表達**：學生一旦習慣不以口語與他人互動，將會越不喜歡以口語與他人交談，則未來在與人互動時，語言能力將受到更大的限制。教師應鼓勵學生表達，並多引導學生在團體中發表，但應注意不要在團體中過度糾正學生發音，若聽不清楚時也可以書寫輔助說明，達成表達的目的，以免學生表達受挫而更不願意在團體中發表意見。
9. **避免單向講述**：避免只有單一方向的講述方式，雙向對話才能確保聽障學生融入課程或對話之中，也才能提升上課效益。教師應在活動過程中適時評量學生的學習狀況，了解學生是否理解學習內容，並鼓勵學生就不了解的部分隨時提問。

三、情緒行為

1. **鼓勵學生適時表現自己**：教師應該鼓勵聽障學生適當表現自己，不要急於表現，也不要羞於表現。
2. **引導建立良好的人際關係**：課程中若出現聽障學生落單或孤立的狀況，老

助聽器的認識

一般而言，助聽器的配備為麥克風、增幅器、耳機及電池。其種類可分為兩大類。一為團體型助聽器，二為個別型助聽器。前者需要發言者配戴一組發射器，將聲音收納到聽障學生所配戴的接受器上，學生所聽到的是將發言者的內容聲音擴大；而個別型助聽器至少包括耳掛型、內耳型、口袋型及眼鏡型等。

另外，對於感音性聽力損失的學生，可以考慮進行人工耳蝸植入術（即裝置人工電子耳）。由於這是一種侵入性的手術裝置，且費用極高（器材加手術費約六、七十萬元，健保可以部分補助一次），因此需要經過醫療評估後方能做安排。

師必須適時介入，協助學生參與團體活動。教師也應輔導聽障學生不對他人做無謂的猜測、懷疑等。並輔導同儕接納聽障學生，讓學生擁有良好的同儕關係，以利活動的參與。

四、生理動作

教師安排不同程度的體能挑戰活動，以協助學生發展大動作能力，並可訓練其感覺統合能力，但應注意學生在活動過程中的安全。

五、情境安排

在聽覺障礙學生的學習情境中，應該增加視覺刺激的學習訊息，例如以視覺訊號顯示上下課時間。另外，教室應遠離大馬路或避免離操場太近，以免受到噪音干擾而使學生的學習成效不良，並且可能因此造成學生的聽力加速惡化。

聽覺障礙學生的教學資源

一、尋求相關資源

請教家長或語言治療師有助於學生溝通的形式，並取得相關資訊與支援，在課程中安排聽力及說話訓練。

助聽器

某特殊學校陳老師與家長溝通，覺得小汀應該配戴助聽器，千叮嚀萬囑咐，家長終於帶小汀前往配戴。經過了近一學期，老師覺得很奇怪，為什麼小汀的聽力似乎沒有改善。於是將助聽器拿來一戴，發現聲音並未擴大，一檢查發現助聽器內竟然沒有裝置電池，長達數個月……

二、輔具應用

聽覺障礙學生若能適時使用輔具，將有助於學習，其中最常見的輔具為助聽器。教師應對助聽器的類別及相關維修常識有基本的了解，並隨時追蹤學生配戴後對其學習行為改變的情形。

三、安排適合的學習情境

教師進行教學時，應選擇面對光亮方向，避免臉部被遮擋，以免阻礙學生獲取視覺線索。並在課堂中容許學生因自己的需求調整座位，尋找最適當的角度及位置進行學習。例如裝置人工電子耳的學生因為音波易造成干擾，不適合坐在距離老師麥克風太近的位置。

四、聽覺評估

聽覺訓練的第一步為聽覺評估。評估時要記錄測試的狀況，包括聽障學生使用的是何種助聽系統（個人用助聽器？調頻系統？個人用聽覺訓練器？還是觸覺振動器？），以及助聽系統配戴在哪個耳朵（左耳？右耳？還是雙耳？）。做完第一次測驗後，老師要再做第二、三次測驗，看看學生是否能因為調整而改變聽力狀況。調整包括：老師的口部靠近助聽器的麥克風、減少周圍的噪音，以及口部與麥克風做出特殊的角度等等（表 3-1）。這些訊息資料在未來的聽覺訓練中，可成為情境調整的依據以提升學生的聽知覺（陳小娟，1991）。

五、字詞辨識評估

應用在了解學生指出或說出字詞的正確度。辨識得分高表示學生適於編入聽覺組；若學生得分太低表示其聯結反應有待加強。做完第一次後，施測者也要試作一些調整，看看聽障學生的得分是否因下列調整而提高：把詞中的韻母加長、誇張複韻母、仔細且緩慢地說出聲母，或在字與字間稍作停頓（見表 3-2）（陳小娟，1991）。

●表 3-1　聽障學生語音察覺能力紀錄表

學　生：__________
老　師：__________
施測者：__________
日　期：__________

測試之狀況	左耳	雙耳	右耳
助聽器			
FM 系統			
個人用聽覺訓練器			
觸覺振動器			

用圓點「・」（正常音量）或「。」（很大音量）將學生之反應在適當之格子中加以記錄

	阿	喔	痾	耶	一	烏	淤	二	無聲	鼻音		邊音	擦音					
	ㄚ	ㄛ	ㄜ	ㄝ	ㄧ	ㄨ	ㄩ	ㄦ		ㄇ	ㄋ	ㄌ	ㄈ	ㄙ	ㄕ	ㄖ	ㄒ	ㄏ
是																		
否																		

資料來源：陳小娟（1991）。

表 3-2　聽障學生字詞辨識紀錄表

辨識得分：
分類得分：

		刺激											
		球	鞋	魚	麵包	汽車	電燈	相片	電話	月亮	冰淇淋	鉛筆盒	哈密瓜
反應	球												
	鞋												
	魚												
	麵包												
	汽車												
	電燈												
	相片												
	電話												
	月亮												
	冰淇淋												
	鉛筆盒												
	哈密瓜												

資料來源：陳小娟（1991）。

第六節　情緒障礙

嚴重情緒障礙，指長期情緒或行為反應顯著異常，嚴重影響生活適應者，包括精神性疾患、情感性疾患、畏懼性疾患、焦慮性疾患、注意力缺陷過動症（attention deficit hyperactivity disorder, ADHD），或有其他持續性之情緒或行為問題者（教育部，2002）。其中由於ADHD學生行為表現的殊異性，本書將其獨立於本章第七節進行討論。嚴重情緒障礙主要行為限制可分情緒及行為兩方面的問題。

情緒障礙學生在學習上的限制

一、認知學習

1. **認知的學習干擾**：情緒障礙學生與認知學習能力並無直接相關；但是其情緒行為問題常常影響其學習狀態，因此課業表現受到影響。另一方面由於部分中重度智能障礙學生或多重障礙學生具有情緒問題，因此常經由錯誤聯結，而誤認嚴重情緒障礙學生之認知能力不佳。
2. **學習容易分心**：情緒障礙學生出現情緒干擾學習的時間較不一定，一旦出現情緒上的問題，即無法專注上課，學習效果自然受到影響。

二、溝通能力

1. **溝通互動問題**：一般情緒障礙學生並無言語發展的問題，但是其情緒行為問題出現時，可能不願意與他人溝通，精神疾患學生還可能受到幻聽、幻覺等影響，而出現自言自語的情形。
2. **以不當行為進行溝通**：情緒障礙學生可能未習得適宜的溝通技巧，而用不當行為來表達他們的不高興或不滿，以達成他們的目的，因而不良行為表現常成為他們運用的溝通模式。

三、情緒行爲

1. **社會情緒表現不佳**：嚴重情緒障礙學生可能具有某些不良的社會情緒表現。例如社會技巧不良、外控、自我概念低下、焦慮與沮喪、缺乏動機、固執性及常規問題等（曾尚民，2002）。
2. **情緒表現過於激動**：許多情緒障礙學生常以哭鬧或是自我傷害的方式表達挫折或不順心，在不愉快時反應出很大的情緒，並且該情緒一旦出現，則常常難以安撫。
3. **行為表現異常**：嚴重情緒障礙學生的異常行為有許多類型，包括自我刺激

（例如舔手、持續地單調連續音、前後搖晃）、自我傷害（如咬手、拔頭髮、抓臉），或侵犯性行為（如攻擊、辱罵他人）、爆發脾氣行為（如大哭、跳、甩門）、怪異行為（如傻笑、自言自語、吃異物）等等，其問題行為有時候會因為精神方面的疾患而有不同的形式和程度。

情緒障礙學生的教學原則

一、認知學習

情緒障礙學生的智能與學習潛能有很大的差異，所表現出來的學習需求也不盡相同，對於情緒障礙學生應該先進行周延的評估，方可以設計適當的認知學習內容。

二、溝通能力

對於部分重度智能障礙及多重障礙學生，若因為無法與人溝通而致其異常的情緒行為問題出現，則應積極協助學生發展溝通模式，如以圖片表達意思的擴大及替代性溝通，則可減低學生異常行為的出現。對於因為情緒而影響溝通者，則應首先穩定其情緒問題，如焦慮表現等，才可以提升其溝通能力。

三、情緒行爲

1. **增加情緒字詞的應用**：教導學生運用情緒字詞以描述自己的情緒。例如教導學生運用「我很高興」、「我生氣了」等，引導他以理性方式適當表達情緒。
2. **發展社會互動能力**：教師可適當運用社會性故事或漫畫事件等討論各種情境，進行社會訊息解讀的訓練，教導學生對情緒的認識及進一步控制情緒。
3. **進行行為規範**：對於情緒行為問題，教師應該進行行為規範，對學生明確訂定可以和不可以做的行為標準及契約，讓學生清楚行為的界限，以增加學生自我控制的能力，且必須在問題發生之前即予以教導約束，不要於問題出現後再直接處罰或責備。

4. **轉移學生注意**：當學生出現嚴重情緒行為問題時，可以嘗試以他喜歡的事物或活動來轉移他的情緒。例如當學生一直哭鬧時，可以帶他去看有趣的生活現象，並與他討論該現象。
5. **教導放鬆技巧**：當學生出現行為問題時，可以教導他一些情緒放鬆的技巧，例如讓他趴在大龍球上聽音樂，或者自我提示說：「我不生氣」、「我不緊張」等。
6. **協助抒發情緒技巧**：協助學生透過不同管道抒發情緒，如以音樂、畫畫、運動等方式宣泄其情緒，以替代行為問題之表現（魏景銓，2004）。
7. **安排隔離措施**：若情緒障礙學生出現情緒或行為問題時，可以安排隔離環境，例如隔離室、隔離位等隔離空間；或者以感官隔離法，例如以毛巾包手使之不能咬到手、戴頭盔使之避免出現敲頭或撞牆受傷之行為。

四、生理動作

1. **藥物的介入**：許多嚴重情緒障礙學生需要藉由藥物做適當的治療控制。教師應輔導家長請教醫師進行此方面的詢問，如果取得處方，則教師應注意定時督導學生服用。
2. **飲食治療**：部分情緒障礙學生對於某些食物有過敏的情形，這些食物可能會使他們的情緒或行為問題更為嚴重。最常見的過敏食物包括巧克力、糖、可樂等，比較推薦的食物是蔬果。但是由於每個學生過敏的食物不同，因此教師及父母親可多觀察留意學生對各種食物的反應而後予以適當的配方。

情緒障礙學生的教學資源

教學技巧

1. **行為改變技術**：行為改變技術是處理嚴重情緒障礙學生很好的策略，例如：

找出學生喜歡的增強物增強學生目標行為；以區別性增強（differential reinforcement）增強學生好的行為，同時取代其不可並立的不當行為；以行為塑造有計劃地形成學生之正向行為；與學生討論後協議訂立行為契約；使用代幣制以引導學生表現適當行為等等（見第八章）。

2. **功能性評量**：藉由功能性評量了解學生出現行為問題的情境、時間、關係人物等等，以進一步評估調整課表、教室環境、座位等，減少行為問題的出現，進行適當的預防。
3. **醫學介入**：對於異食症、精神分裂症、過動症等學生，應引導家長密切與醫療人員合作治療，教師並嘗試將醫師、治療師的建議融入課程中。

第七節　注意力缺陷過動症

ADHD（注意力缺陷過動症）學生在特殊教育法中乃列屬於嚴重情緒障礙的類別（教育部，2002）。在DSM-IV（Diagnostic and Statistical of Mental Disorders-IV）中則指出，ADHD具有的三個徵狀為注意力缺陷、過動，及衝動。這三個徵狀顯著帶來其在學習上的限制。

注意力缺陷過動症學生在學習上的限制

一、認知學習

1. **認知的學習干擾**：一般而言，ADHD與智力無直接相關，因此學生智能從優異到智能障礙均有，但由於ADHD學生的行為特徵容易影響學習行為，因此其學習常受到干擾而有低成就的現象。
2. **注意力缺陷**：ADHD學生具有明顯的注意力缺陷問題，很容易受到不相干的刺激干擾而分心。例如周遭人的配飾、服裝、環境中的擺飾、自己的思緒等。通常難以長時間專注於同一件作業上，尤其當課程內容無法引起學習興趣時，維持注意力的時間更為短暫。

3. **衝動思考**：ADHD學生常有衝動的思考而影響其學習，例如表現過快未經思考而致犯錯、給予一個問題情境時不能整理出相關的特徵或資訊，或不能同時處理多量的訊息，而憑刺激和直覺採取一些不相關的言語和行動（Campbell, 1986）。
4. **過動表現**：過動特質的學生常難以靜下心來學習，常常東張西望、隨意走動或碰觸不必要的物品，影響課程學習的效果，或致使作業表現時間過長。
5. **作業表現問題**：ADHD學生作業常常粗心大意，不注意細節，使作業品質不良。經常因為寫錯字，隨意塗改字而使得頁面雜亂。也經常找藉口拖延逃避作業，例如鉛筆沒拿、想喝水等，可能要花費很長時間才著手寫第一筆作業。

二、溝通能力

1. **表達衝動**：衝動是 ADHD 學生可能的特徵之一，在與人應對時，常出現談話的內容還沒結束或他人尚未陳述完問題，學生就急著搶答或插話，使得回答的內容常常與問題不符，或談話內容文不對題。在團體內也常見到 ADHD 學生插話，而影響人際互動。
2. **溝通不專注**：ADHD學生與人互動時，常受到環境中其他無關刺激干擾，無法專心聽取他人的談話內容，而呈現心不在焉的不專注溝通，導致不能與他人順利對答。
3. **指令的接收不良**：ADHD學生常不能記住太長的句子或太複雜的指令，因此常不能遵循指令適當地行事。

三、情緒行爲

1. **過度好動**：具有過動問題的 ADHD 學生比一般學生明顯活動力高。他們常常爬上爬下，像裝了停不下來的馬達似的，難以長時間坐在固定的座位上。此種情形會因過動問題的嚴重度及年齡的幼小而更嚴重。
2. **情緒焦躁**：ADHD學生常常出現煩躁不安的行為，並常以哭鬧表達心情，較無法表現穩定的情緒。

3. **耐心度不佳**：ADHD學生缺乏耐心等待，難依規則進行活動，常沒有耐心完成一件工作便轉而從事另一件工作。常常等不及排隊，也常常做了許多嘗試卻中途放棄，而無法完成指定的工作。

四、生理動作

1. **睡眠短淺**：具有過動問題的 ADHD 學生由於生理發展因素，多數有睡眠短淺的現象。他們常常會因為微小聲音而醒來，或自己的生理因素干擾而無法有良好的睡眠品質。
2. **服藥易中斷**：一般ADHD藥物的效果必須觀察三至四週以上，部分ADHD學生會在服藥初期出現疲倦不舒適但又過動的情形，這種情形常會導致家長放棄學生用藥，而無法藉由藥物改善學生的學習。
3. **精細動作困難**：ADHD學生由於過動、衝動問題，常常在精細動作表現不理想，使其作業表現或實作成品常品質不良。

注意力缺陷過動症學生的教學原則

一、認知學習

1. **教學內容分段進行**：教學或作業內容太過繁瑣，易使 ADHD 學生放棄學習。因此在教學內容安排上，尤其是認知學習的課業，若分量太多，則應分小段多次進行。另切忌一次給予太多作業，應安排可以預期完成的分量，提供學生較易成功的學習經驗，以提升其學習動機。
2. **於課程中安排活動機會**：在課程活動中自然地安排 ADHD 學生成為老師的小幫手，例如倒水、發教材等，找機會紓解學生的過動精力，可以避免學生因累積太多能量，無法集中精神而難以參與課程活動的情形。
3. **活動交替呈現**：為了使學生的注意力維持較佳狀態，單一活動不應持續太久，嘗試將學生感興趣和較無興趣的活動交替呈現。並在學生無法注意時，給予明確的提示線索，提醒其注意重要的訊息，例如：「注意，這個非常重要喔！」

二、溝通能力

1. **要求學生回答問題**：進行談話時，若 ADHD 學生有閃躲或忽略教師的問題，則應繼續要求學生回答，一直等待學生回答後方停止。長久如此可以訓練學生適當與人應答。
2. **請學生複述問題**：對於接收指令有困難的 ADHD 學生，在傳達訊息或指令時，可要求學生重述教師所陳述的問題，以加強學生對問題或訊息的掌握。
3. **掌握溝通的專注力**：ADHD學生常因為注意力缺陷而無法順利進行溝通，教師應確定學生在溝通時已集中注意力，以養成良好溝通行為。例如在與學生說話前，先拍他一下或叫他名字，吸引學生注意後，再與他談話。

三、情緒行爲

1. **行為管理**：運用行為改變技術策略協助 ADHD 學生改變行為。例如在學生出現適當行為時，給予實物、社會性獎賞等增強，亦可與學生建立行為契約，規範其行為。
2. **教導學生自我控制**：許多 ADHD 學生智力正常，只要經由師長的指導，即可對自己行為做一定程度的約束。例如教他提醒自己不可以亂跑、提醒自己不可以插嘴，並且可以配合一些手勢或標語提示，在學生出現過動的行為時，讓學生看到老師的手勢或牆上的標語就提醒自己應該控制行為。或依學生的行為問題設計檢核表，以進行行為規範及檢視作業過程中的專注行為表現（見第八章第二節表 8-1 及表 8-2）。
3. **給予學生緩衝時間**：對於有衝動表現的 ADHD 學生，若老師要求他立即有適當的反應，往往讓教師及學生有很大的挫折。為了引導學生適當的表現，應給予學生一段緩衝的反應時間做行動的準備。例如：每次給予指令時，加說「我數到十，一、二、三……」。

四、生理動作

1. **減少需過多精細動作的作業**：對於精細動作有困難的 ADHD 學生，教師宜設計較大的作業格式，以免使學生感到挫折而影響學生完成作業的興趣。
2. **醫療介入**：可藉由藥物控制學生的過動行為，並提高其專注力表現，目前最常用的有：利他能（Ritalin）及專思達（Concerta）等。服用利他能藥物每次食用可以持續三至四小時的效益。唯此種藥物可能影響學生食慾，在劑量上須控制適當。必要時教師應該記錄學生的過動及注意力行為表現，以供醫師調整劑量之參考；專思達則屬於長效型的藥物，藥效約可持續十二小時，藥性較緩和，且副作用較少。
3. **感覺統合訓練**：對於感覺統合失調的 ADHD 學生，若能在兒童期適時予以感覺統合訓練，將有助於改善學生部分行為問題。但若學生無感覺統合失調，則進行感覺統合訓練並無太大的意義。因此須由職能治療師介入評估學生的感覺統合狀況，而後由治療師提供感覺統合訓練課程的建議，方不致浪費時間、金錢、精力而徒勞無功。

五、情境安排

ADHD 學生較容易受到環境中刺激的干擾而分心，因此對於 ADHD 學生應該減少過於豐富複雜的環境刺激。最好在其視線範圍內盡可能維持單純的環境。例如桌上沒有不必要用品（如寫作時只留筆及橡皮擦），在家時避免與手足在一起作業，又如老師身上的飾品不應太多（如果太干擾學生，則教師可站在其身後對其傳達指令）。而在座位安排上建議將 ADHD 學生安排在前座，可減少刺激量，並可避免受其他學生一舉一動的干擾而分心。另維持安靜舒適的教室環境，將有助於安定 ADHD 學生煩躁不安的情緒。

注意力缺陷過動症學生的教學資源

行為改變技術是最常應用在控制 ADHD 學生的行為策略，而醫療介入也是常運用的資源，包括感覺統合治療課程或藥物治療等。

第八節　自閉症

自閉症，指因神經心理功能異常而顯現出溝通、社會互動、行為及興趣表現上有嚴重問題，造成在學習及生活適應上顯著困難者（教育部，2002）。自閉症是屬於廣泛性發展障礙（pervasive developmental disorder），最少可以分為兩種，一為亞斯伯格症（Asperger），另一為典型自閉症。兩者在學習問題上有些不同的特質表現，但本節不特別強調這兩種類型的分別限制及教學原則，而只針對各種可能存在的表現進行探討。

自閉症學生在學習上的限制

一、認知學習

1. **學習功能缺陷**：多數（約占 70%）自閉症學生為低功能者，可能因為智力限制而影響其學習吸收（Kaiser, Hancock, & Nietfeld, 2000）。但是並非所有的自閉症者均為智能障礙，約有 10%的自閉症為高功能，其中有多數屬於亞斯伯格症，他們甚至可以取得高學歷。上述高低功能之判別標準乃以學習狀況以及智商為依據。
2. **視覺優於聽覺**：多數自閉症學生視覺學習的能力優於聽覺學習，例如他們認字記文章的能力多比說話或溝通的表現更為良好。因此在只有聽覺管道的學習情境，將不利於自閉症學生學習。
3. **注意力問題**：自閉症學生常常過於沉浸於自己的思想世界，上課不易專注於課程內容，常導致學習效果不佳。

二、溝通能力

1. **語言詞彙有限**：多數典型自閉症學生語言詞彙有限，甚至是無語言（即不會發聲或只會發單音）的學生，使得溝通能力受到很大的限制。
2. **語言表達怪異**：自閉症學生在語言表達上與一般學生表現不同。最常見的是鸚鵡式語言，包括立即性或延宕性的鸚鵡式語言（後者如三小時後才複述他人對他說的話）。自閉症學生也常在代名詞反轉的運用上不理想，即「你」、「我」、「他」之間不能正確轉換運用。有時自閉症學生表達時可能會有很長的句子，但意思是重複的。另外，部分自閉症學生會有音量過大的情形。
3. **固執的語言主題**：許多自閉症學生在語言交談過程中常常占據主題，一直反覆陳述自己有興趣的內容而忽略他人的反應，亞斯伯格症學生尤其明顯。
4. **眼神接觸異常**：自閉症學生與人交談時，缺乏眼神接觸，臉部表情常僵硬，而肢體語言的表達也不理想，所以許多人會以為自閉症學生沒有聽到對方的說話內容，也因此常常阻礙與他人交談溝通的機會。
5. **溝通互動不良**：許多自閉症學生缺乏主動與人溝通的動機或排斥與他人接近，而阻礙與人溝通互動。

三、情緒行爲

1. **情緒表現不當**：自閉症學生在情緒表現與部分嚴重情緒障礙學生相似。在情感表現或喜怒哀樂的情緒起伏反應異常。例如較少看到他高興時笑的情緒表現，但對於不愉悅的事又常以激烈情緒反應。並且該情緒一旦出現，則常常難以安撫，例如他可能會出現很大的哭聲，或持續長時間尖叫。
2. **情感表現異常**：自閉症學生的情感表現明顯與其他學生不同，與人溝通時說話不帶情感，常在與人互動時不理會他人，較無依附心理，不怕生，較沒有親疏之分，缺乏對他人的同理心；與父母分離時，分離焦慮情形也較一般學生不明顯。一般而言，自閉症學生依附關係是建立在對物品的依附上，而非對人的依附。

3. **參與團體活動困難**：自閉症學生常處於自我的世界中，明顯地缺乏合作技巧，與他人互動時會要求他想要的，但缺乏與他人互動的主動行為，顯得難以融入團體活動之中。雖然有時候有模仿他人遊戲的行為，但難以參與同儕遊戲。
4. **難以辨識危險情境**：許多自閉症學生較無法覺察或辨識危險情境，喜歡爬高或亂跳，常帶給周邊的人困擾及擔心。
5. **社會知覺困難**：自閉症學生的社會知覺困難，他們常常無法覺察或理解話語之中的隱喻，或人際互動的脈絡，也常常無法理解笑話的笑點所在。
6. **褊狹的興趣表現**：自閉症學生常有異於他人的喜好舉止，最常見的是許多自閉症學生喜歡看一些反覆性旋轉的物理現象，如電風扇的旋轉、烘衣機裡衣物的旋轉等；又如許多自閉症學生喜歡將玩具車倒過來使其車輪反覆旋轉，而不是如一般學生將車子前後推著玩。好奇心也較一般學生少，缺乏想像性遊戲，較不喜歡嘗試或探索生活中新奇的事物。
7. **行為模式僵化**：自閉症學生的行為常侷限於某些形式或規則，難以彈性轉換。例如他可能在一定的時間要吃某個食物，或每天要走同樣的上學路徑。
8. **認知行為固執**：一般自閉症學生在物品使用或認知學習上相當固執，一旦已建立認知或行為模式，則難以再改變或做彈性調整，類化到其他情境的能力也較差。

四、生理動作

1. **感覺統合失調**：許多自閉症學生具有感覺統合失調的現象，常常在精細動作、大動作或知覺動作上出現困難。例如許多自閉症學生具有觸覺敏感的現象，一旦有人觸摸他，如擁抱或幫他洗臉，他會以各種形式激烈反應，例如躲避、生氣或尖叫。
2. **動作怪異**：許多自閉症學生動作舉止怪異，例如喜歡身體前後反覆搖晃做自我刺激，或用力擊掌拍手等，甚至喜歡觸摸他人頭髮或衣服、絲襪等。

自閉症學生的教學原則

一、認知學習

1. **評估學生認知功能**：自閉症學生的功能表現與學習潛能有很大差異，學習需求也不盡相同，對於自閉症學生應該先進行周延的評估，方能設計適當的課程內容。
2. **維持互動的教學模式**：自閉症學生雖然常常看似不專注，但他們仍在吸收學習。教師仍應不斷地與學生互動，不斷地輸入刺激，不應放棄教導自閉症學生，因為學生可能正「偷偷」地在學習。
3. **善用視覺學習管道**：多數自閉症學生的視覺學習較聽覺學習效果佳，教師應多多利用視覺學習管道進行教導或互動。例如教師可善用圖卡進行課程說明，也可以嘗試將「桌子」字卡黏在桌子上，以教導學生認識「桌子」的寫法。
4. **著重功能性課程**：自閉症學生的生活能力較差，教師在教學時應著重功能性課程的教導。尤其是低功能的自閉症學生，其學習內容應該包括生活自理、與人應對等等，著重生活經驗及日常實用性的學習內容。

別以為他沒在學

小自為自閉症學生，母親有一次在旁邊與友人談論共同的朋友因為車禍身故，感歎地做了一個結論：「哎！真是人生無常啊！」小自在旁沒有任何反應。

數週之後電視新聞報導高速公路某卡車事故死傷數人，小自突然說了一句：「哎！真是人生無常啊！」

二、溝通能力

1. **提升語言學習機會**：若自閉症學生不喜歡以語言與人溝通，教師不應因此而減少與之交談；應仍持續不斷地對其說話，甚至每天刻意安排時間與學生做一對一談話溝通，如此可以提升自閉症學生說話的能力，並能培養學生與人交談的習慣。
2. **立即矯正不當語句**：學生不當使用語句時教師應該立即介入矯正，例如詞句過短、鸚鵡式語言、代名詞反轉、音量不當等等問題，在矯正過程中，示範正確的詞句說法，提升自閉症學生語文能力。
3. **教導溝通時的眼神接觸**：自閉症學生與他人溝通互動時視線往往不會看對方。教師與自閉症學生互動時，應盡可能要求其眼神與對方相對，使之習慣於表現適當的眼神。
4. **訓練肢體的溝通**：教師應教導並鼓勵學生說話時輔以肢體表達，以培養合適的人際溝通互動模式。例如手勢、肢體動作、面部表情等等。

三、情緒行爲

1. **增加情緒字詞的應用**：與嚴重情緒障礙學生的問題一樣，對於情緒較無法適當表現的學生，教師可以教導學生運用情緒字詞以描述自己的情緒。例

謹遵規則的自閉症學生

小畢每次遇到問題就一定要發問，每次上課總有問不完的問題，因而干擾教師及同學上課的進度。陳老師於是與小畢約定每次上課只能問三個問題，小畢因此嚴守規則（成為其固執之特質）。雖然每次在上課的前五分鐘小畢即把三個問題問盡。

但有一次小畢問完三個問題，出現了第四個問題難以克制不發問，於是很急地跑到教室前面，將他的第四個問題寫在黑板上……

如教導學生運用「我心情不好」、「我生氣了」等，以引導他適當表達情緒。

2. **引導參與團體活動**：為自閉症學生安排不同型態的活動，減少學生固執行為，或增加與同儕的互動機會。當學生以不適當的方式進行溝通時，老師必須告知同儕有關自閉症學生行為的限制，以提升同儕的接納度，也教導同儕與自閉症同學相處的互動原則。
3. **訓練社會互動**：教師可嘗試以社會故事、漫畫、繪本等討論社會事件、學習解讀社會訊息等，引導自閉症學生培養適當的社會互動及社會知覺能力。
4. **限制學生的行為表現**：對於有固執行為表現而影響常規或與人的互動時，應嘗試以限制行為表現予以規範。例如不斷提問題的自閉症學生，可與之約定發問的次數，並配合行為改變技術的實施，以改善其不斷發問造成秩序干擾的情形。

四、生理動作

1. **行為改變技術的應用**：教師可利用自閉症學生有興趣之事物或固執性行為進行增強，以協助其學習課程。例如教師可以與之建立契約，若遵循某規則或完成某作業，則給予玩綠豆五分鐘（其固執性行為）。又如與學生訂立契約約束其行為。
2. **感覺統合訓練**：多數自閉症學生具有感覺統合失調的現象，導致其在各種感覺動作上遲緩不協調。教師應觀察並了解學生的感覺統合狀況，並設計動作訓練的課程，如觸覺敏感訓練（如以刷子刷學生的背部及手部）、粗大動作訓練、精細動作訓練、前庭刺激訓練等等，增加其行動的整合度。而這方面最好與復健治療師合作，以確認學生的感覺統合情形及提供合宜的介入方案。
3. **獨立空間的設計**：因應自閉症學生的生理動作限制，應考量特別個案的獨立空間，例如對有觸覺防禦的學生，老師可以安排較大的座位空間，減少和其他學生身體碰觸，但仍應盡量引導學生和同儕透過各種方式互動。
4. **藥物的介入**：有些藥物或營養劑有助於自閉症學生的學習及行為表現，例如鎂等。教師可以輔導家長請教醫師這方面的訊息，如果取得處方，則教師應注意定時協助學生服用，並追蹤服藥對自閉症學生的影響。

5. **飲食治療**：部分自閉症學生對於某些食物有過敏的情形，這些食物可能會使他們的固執行為或溝通問題更為嚴重。最常見的過敏食物包括巧克力、糖、可樂等，比較推薦的食物是蔬果。但是每個學生過敏的食物不同，因此教師及父母親可多觀察留意學生對各種食物的反應而後予以適當的配方。
6. **安全防範訓練**：加強周圍環境的安全措施，並以口頭或動作警示學生遵守安全規則，如果學生做出危險動作，可以禁止他玩喜歡的物品或從事喜歡做的活動。

五、情境安排

教師因應自閉症學生的特質，應適當調整情境。例如多數自閉症學生具有視覺優勢的學習現象，因此教學情境應善用視覺訊息。

自閉症學生的教學資源

有許多教學理論的應用對自閉症有不錯的學習效益，例如單一嘗試教學法（discrete trial teaching, DTT）（見第五章）、結構式教學法、自然情境教學法（見第六章）等。

第九節　肢體障礙

肢體障礙，指上肢、下肢或軀幹之機能有部分或全部障礙，以致影響學習者（教育部，2002），其最主要的學習問題在行動的部分。

肢體障礙學生在學習上的限制

一、認知學習

1. **智力可能受損**：一般而言，肢體障礙的類型相當多元，其智能狀況端看形成障礙的原因。多數肢體障礙問題與智力問題無關，智力多為正常範圍，也有資賦優異的學生。但若肢體障礙問題是由腦神經損傷引起，則有多數（但非全部學生）會因智力發展的腦部神經受傷而有智能障礙的現象。
2. **作業表現困難**：肢體障礙學生常有肢體動作的問題，例如無法低頭操作、寫字，或有手部顫動的現象等，這些均使其作業表現之精確度受到影響。

二、溝通能力

1. **語言表達困難**：一般肢體障礙學生不具有語言表達問題，但是肢體障礙學生若為腦性麻痺症者，則常有語言表達的困難，包括構音問題、語暢問題等。且部分學生可能因自信心不足或語言表達吃力，而躲避語言溝通。
2. **語言接受問題**：肢體障礙學生的語言接受因智力及聽力而有不同表現。若為智力及聽力正常者，則其語言接受沒有問題。但有部分腦性麻痺學生，若傷到聽覺神經或影響智力，則語言接受及理解將有困難。

三、情緒行爲

肢體障礙學生由於外觀具有明顯的障礙問題，導致學生的自我接納度不足、自信心不夠，而常有畏縮與自卑的心理表現。

四、生理動作

1. **粗大動作困難**：肢體障礙學生在生理發展及粗大動作表現較一般學生遲緩，並可能需要助行器或輪椅進行移位行動。這些限制也往往導致學生缺乏行動或運動的動機。

2. **精細動作困難**：上肢肢體障礙學生在操作性作業或精細動作上明顯困難，動作協調也往往有很大的障礙，常影響其作業表現，如握筆、繫繩子等。
3. **動作或姿態異常**：部分肢體障礙學生出現動作或姿態異常，如歪嘴、駝背等，使得學生因不良外觀表現，而影響其人際關係，並可能造成骨骼側彎，影響其行動能力。
4. **體能較差**：肢體障礙學生由於生理問題，體能往往較差，再加上動作行動容易耗費較大的氣力，使其在體能表現上更不理想。

五、適應能力

肢體障礙學生由於肢體動作不良，常嚴重影響其生活起居之自理能力，如吃飯、穿衣等等，其嚴重度將因障礙的部位及程度而異。

肢體障礙學生的教學原則

一、認知學習

1. **藉由活動提升能力**：教師應鼓勵學生嘗試各種活動，包括聽、說、動等，一方面增加學生的經驗，提升各方面知能，也可以由此覺察並評估學生在各種活動中的行動需求。教師應避免因為憐惜學生行動不方便，給予過度協助，而減少學生學習的機會。
2. **給予充足的反應時間**：對於作業需要更長反應時間的肢體障礙學生，教師應給予充分的時間等待，以便學生有機會表現並發揮潛能。

二、溝通能力

對於語言表達困難的肢體障礙學生，教師應鼓勵學生多多表達，以免因練習不夠而使語言表達的能力更差。此外，並可安排語言治療師的介入，規劃溝通訓練課程。

三、情緒行爲

1. **建立自信心**：對於生理外觀導致自卑心理的肢體障礙學生，教師應輔導學生接納自己的障礙，發掘優點專長，建立自信心，並及早培養正向的人生觀。
2. **教導人際互動能力**：教師應輔導肢體障礙學生的同儕接納與了解，同時引導學生參與各種活動與遊戲，增加學生與同儕互動，藉此培養學生人際互動的能力，表現正向的社會情緒。

四、生理動作

1. **提供動作輔助**：對手部精細動作困難的肢體障礙學生，應嘗試予以較粗大的文具使用。例如購買較粗大的鉛筆，或在鉛筆的手掌握持之處以紙黏土加粗，方便學生操作。
2. **注意維持體態**：對體態不良的肢體障礙學生，教師應提醒學生，維持正確的姿勢與體態。而若學生過於肥胖，為避免身體對肢體的負荷過重，應培養學生良好飲食習慣，鼓勵學生運動，進行體重控制。
3. **調整作業時間**：由於學生動作能力限制，教師應給予學生足夠的時間完成作業，以免造成學生過度緊張與挫折，而影響其作業表現。
4. **設計替代方案**：考量學生動作能力的限制，以替代方案調整對學生的要求。例如綁鞋帶有困難的學生，可以穿著自黏鞋帶的鞋子，方便學生完成穿鞋動作。

五、適應能力

提升學生獨立生活自理能力，包括獨立進食、穿衣、行動、學習，以及配戴、使用、維護輔助器具的能力。並將訓練課程融入平日的學習活動，例如午飯後加強學生洗手、洗臉、刷牙等能力。

六、情境安排

1. **學習情境的調整**：肢體障礙學生常有肢體動作上的問題。教師應注意適當調整教室情境。如學生無法低頭，則調整桌子的高度，使其能較輕鬆地在桌上完成作業。又如若學生手臂有顫動的情形，則應設法固定紙張，方便書寫，並嘗試綁沙袋以降低其顫動的現象；身體會前後搖晃則給予穿著鉛製背心等等。這些技巧可以請職能治療師評估調整學習情境，以使學生擁有較佳的學習狀態而有好的學習成效。
2. **環境空間的安排**：肢體障礙學生由於行動受限，在教室的空間上應力求寬敞，避免過多的物品堆積或零散的物品放置，力求方便輪椅或其他助行器移動，以免增加學生移位的困難度。
3. **無障礙環境的安排**：肢體障礙學生的教室最好安排在一樓，並且應該坐落在方便到達各個學習場所的位置。另外校園應加強改善無障礙環境的設施，如加裝無障礙電梯等等。教室內動線的規劃，也應考量學生方便取得各項學習器具，避免因環境擺設不良，使肢體障礙學生減少使用各項資源。

肢體障礙學生的教學資源

一、將復健功能融入課程

多數肢體障礙學生需要醫療復健資源的持續介入，以維持及增加其肌力、關節活動能力及動作協調能力。教師應利用整合治療模式滲入復健功能建立教育目標（Smith, Gast, Logan, & Jacobs, 2001）。其內容包括物理治療、職能治療、語言治療等等。此皆為相當專業的領域，教師與復健醫療人員密切合作，將其建議的策略融入相關的課程，如生活教育課程、適應體育課等。

二、應用輔具

肢體障礙學生在動作及行動上的限制往往需要輔具的協助。輔具可能包括溝通輔具、擺位輔具、移動輔具、學習輔具、生活功能輔具和環境控制輔具等等（陳麗如，2006）。教師應對輔具有基本的認知，確認學生對輔具的需求及其正確的使用方法，或掌握取得支援的管道（如治療師、相關輔具中心），以協助學生應用輔具。且應注意因應學生身體的成長，適時調整更換行動輔具，例如義肢、支架、枴杖、輪椅等，使學生維持良好的活動狀態。

三、與其他專業人員合作

肢體障礙學生除了動作問題外，還可能有其他如視力、聽力、癲癇或認知學習的問題。所以，宜加強與其他專業人員之合作，了解學生的發展狀況及其生理問題。

第十節 身體病弱

身體病弱，指罹患慢性疾病，體能虛弱，需要長期療養，以致影響學習者（教育部，2002）。一般身體病弱學生在學習上遇到的最大困擾，是其在生理體能上的限制，以及因長期缺課所造成的學習問題。

身體病弱學生在學習上的限制

一、認知學習

身體病弱學生的類型相當多元，其智能多半與障礙問題無直接關係。而最常見的學習問題是缺課問題，因為需要經常請病假至醫院治療，或長期住院，使其課業時常受到中斷而影響學業成績。

二、溝通能力

因為智力正常，通常身體病弱學生在語言表達與理解上均無問題。

三、情緒行爲

1. **自卑心理**：多數身體病弱學生由於有突發狀況（如癲癇病患），或疾病纏身（如愛滋病童），而有自卑的心理。
2. **人際互動不佳**：部分身體病弱學生可能因為生理限制，不能時常參與團體活動（如心臟病學生），而與同儕的互動貧乏；或因生理疾病問題引起同儕不喜歡與之接近（如裝置人工肛門的學生）；或擔心觸發同學病發危險（如成骨不全症學生），而減低同儕與之互動的意願。
3. **情緒不穩定**：部分身體病弱學生可能因為身體狀況不佳，感到較大的死亡威脅，而時常焦慮或出現不穩定的情緒。

四、生理動作

身體病弱學生由於生理問題，體能較差，通常不適合進行激烈的運動，有時候會影響其行動速度。

五、適應能力

身體病弱學生生活自理並無太大問題，除非生理狀況已影響其行動表現。在適應力上，則依學生的患病種類，而有不同的狀況。

身體病弱學生的教學原則

一、認知學習

1. **補救教學**：身體病弱學生由於時常缺課，因此需要給予適當的補救教學。若學生長期缺課，又希望有一定的學習，則教師應該協助學生申請床邊教學或在家教育課程。
2. **給予彈性的課堂時間**：有時身體病弱學生因其生理狀況需要適當的休息，因此在課程進度或作業要求上均應因應學生的需求彈性安排。

二、情緒行為

1. **提供生命教育課程**：學生若面對生命威脅，則可能有生命教育的需求。生命教育的課程可藉由繪本討論或講授生物生命週期主題等等予以教導。
2. **輔導同儕**：輔導班上同學接納身體病弱同學，並在適時予以適當正確的協助，使學生更融入團體。

三、生理動作

1. **飲食預防**：身體病弱學生常常有其生理需求，有其應該注意控制或增加的飲食。例如糖尿病學生應控制糖分攝取，而腎臟病學生應注意鹽分攝取等等。
2. **彈性安排課程活動**：教師應依學生的生理狀況彈性調整學生課程活動時間，並接納學生休息之請求。
3. **適應體育課程規劃**：針對身體病弱學生的狀況，事先進行課程的評估，於體育課程中安排適應體育課程，以免體育課程內容超出學生體能負荷。

四、情境安排

身體病弱學生可能因為生理問題，需要調整學習情境。例如癲癇學生，可能要注意減少環境中的障礙物，如電線、不當凸出物等，並且在其周圍安排較高大的男同學，以便在同學癲癇病發時予以保護，避免受到絆倒或撞擊；又如肌肉萎縮症學生可能需要特殊坐墊及靠墊的擺位支持輔具等。可請職能治療師評估學習情境後做適當的安排。

身體病弱學生的教學資源

身體病弱學生可能需要醫療上的介入，教師應做相當的配合，例如用藥或醫療復健輔具介入等等，充分在課程中配合運用。

第四章

課程科目的考量

本章以單一領域或科目出發，探討特殊教育課程的概念與教學實務工作，並提出範例，以引發讀者思考課程設計的方向。其中部分節次雖非一般所列領域或科目，卻是重要的特殊教育課程，因此仍分節次在此章中探討。而由於身心障礙學生的課程多以功能性為原則，因此許多教學活動歸屬的領域是無法截然區分的，可能與數個領域均有關聯。例如掃地活動可能屬於職業生活領域，也可能屬於生活教育領域。又如肢體語言的解讀可能歸屬實用語言領域，也可能屬於社會適應領域。

第一節　實用語文

實用語文強調課程內容之功能性，適用對象主要以智能障礙或溝通具有嚴重問題的學生為主。

一、課程綱要之訊息

實用語文課程綱要主要摘自國民教育階段啟智學校（班）課程綱要，其中包括表達性語言及接受性語言兩個次領域，以下區分為寫說讀聽四個綱目（教育部，1997）（見表 4-1）。

表 4-1　實用語文課程綱要內容與活動範例

次領域	表達性語言		接受性語言	
綱目	寫	說	讀	聽
項目	基本書寫、短文寫作、電腦操作	非口語溝通、語音、字詞、語、句、短文、社交溝通	肢體語言、圖片、標誌、符號、字詞、語、句、短文	聽音、字詞、語、句、短文
目標	1. 具備正確的握筆姿勢及運筆方法，並養成整潔的寫作習慣。 2. 書寫文字，並正確表達個人的思想與需求。 3. 培養基本電腦操作能力，應用於日常生活中語文資訊的傳達。	1. 能以適當的肢體語言、溝通圖卡、語言溝通輔助器或口語表達需求、思考及情意，以達相互溝通目的。 2. 增進功能性的語彙能力。 3. 表現適當的社交溝通能力，以增進人際互動。 4. 表現適當的溝通態度，並對自己所發表的語言、內容負責。	1. 認識社區中常用圖形、符號、標誌及文字。 2. 具備閱讀日常生活中常用詞彙及短文能力，擴充生活經驗，培養思考能力。 3. 理解他人的肢體語言，做適切的判斷，並合理的表達及反應。 4. 培養閱讀、欣賞課外讀物的興趣與習慣。	1. 聽辨自然界及日常生活中各種聲音所代表的意義。 2. 表現適當的傾聽態度，並做適當反應。 3. 理解日常生活中常用語彙、句型，並能服從指令。
活動範例	寫耶誕卡、寫履歷、字條留言、寫 email、填寫表格資料、簽名	描述假日活動、述說對事件的想法、交友溝通、問路、打電話禮儀	辨認常見設施符號、使用優待券、讀取物品使用說明書、讀取社區布告訊息、解讀肢體語言	接受指示行動、理解對話意義、聽懂故事內容與大意

資料來源：本表除活動範例外，其他摘自教育部（1997）。

二、課程策略

對認知程度較好的學生，聽說讀寫各方面均可給予能力的提升，如字詞的增加、注音符號的運用、短文的閱讀與撰寫，考量學生能力設計課程深度，但以實用性為主，如寫信、寫日記、部落格留言等；對認知程度中等的學生應引導學生認識基本常用的字彙，如自己的名字，以及高頻字的認讀，另外應加強訓練學生完整表達意見；對認知程度較差的學生，則除了考慮認寫自己的名字外，原則上不需要設計認字的課程，而強調培養傾聽、理解與表達能力，利用實物教讀標誌，或藉由遊戲加強口腔運動以矯正構音問題等；對於無語文能力的學生，則考慮教導擴大及替代性溝通的運用能力，如安排課程訓練學生以圖卡溝通的能力。而其課程設計應考量：

1. **生活化內容**：實用語文課程相當著重生活化的應用，所教導的內容必須以功能性為主，強調學生日常生活運用得到的範圍。
2. **教學資源運用**：配合學生的能力及需求，盡可能從生活環境中取得教材、教具，例如理解認讀優待券文意、閱讀鄰近醫院的門診單、看讀布告訊息，或如閱讀幽默短文以及生活化故事剪報題材等等；在教具上，錄音機在語言課程中是很好的教具，例如可用以訓練學生聽辨詞彙、口語表達及自我回饋等等；在人力上，語言障礙類學生應請求語言治療師支援，進行語文能力評估、訓練，並提供語言訓練策略及課程的建議。
3. **字詞練習**：教導智能障礙學生字詞時應注意配合詞彙的運用，不能只教導單字的認識，以達到實用之功能性。而對於認字有困難的學生，則一些基礎字的教學應朝向「符號」的學習，例如學生對於「出口」，應該教導他那是代表出去通道的符號。
4. **評量實施**：實用語文的評量除了對學生認知表現進行結構性的評量外，應在日常生活中取得學生行為表現的樣本，例如與人說話的姿態、與人溝通互動的禮儀、表達時的構音、語暢、詞彙長短狀態等等，成為課程設計的依據。

課程範例

1. **字條留言**：利用留言互動的方式訓練學生讀寫能力，教導留言的重要原則。例如請學生幫教師至福利社買一個麵包，並請學生將工作結果用字條留言方式告知教師，可能是：「老師，對不起，沒有幫你買到麵包，因為福利社的麵包已經賣完了。」並做檢討及修改。
2. **述說對事件的想法**：請學生分享最近的一則新聞，提出自己的想法，並請同學提問。藉由互動中訓練學生陳述事件及與人溝通的能力，在學生發表時可以錄音做檢討及修正。
3. **使用優待券**：請學生找尋家裡的廣告優待券，帶到學校閱讀並與同學分享優待的訊息，包括時間、地點、折扣等等。
4. **理解對話意義**：找一個主題訓練學生理解其中各種對話詞彙的意義。如點購冰淇淋過程中，店員與客人的對話，包括幾球、口味、價錢（如一球三十元兩球優待五十元）、盛裝物、銷售時間（如假日不銷售）、銷售狀況（如已售完）等等。

第二節　實用數學

實用數學強調功能性的課程內容，因此適用對象亦以智能具有障礙的學生為主。

一、課程綱要之訊息

實用數學課程綱要主要摘自國民教育階段啟智學校（班）課程綱要，其中包括基本概念及運算與應用兩個次領域，以下區分為組型、數、圖形與空間、四則運算，以及量與實測四個綱目（教育部，1997）（見表 4-2）。

表 4-2 實用數學課程綱要內容與活動範例

次領域	基本概念			運算與應用	
綱目	組型	數	圖形與空間	四則運算	量與實測
項目	具體組型、非具體組型	概念（準數、基數、唱數、數數、數字、序數、位值、分數、小數、概數）	基本形體	加、減、乘、除、工具	長度、重量、容量、面積、體積、角度、速度、金錢與消費、時間、統計圖表
目標	1. 使學生獲得生活所需的基本組型、數、量、圖形、空間的概念。 2. 具備四則運算與使用計算工具能力，並應用於日常生活中。 3. 培養實用的長度、重量、容量、面積、體積、速度、角度等實測能力。 4. 會使用錢幣及估計價格，並具備生活中的消費技能。 5. 培養辨認及運用時間、時段、日曆、月曆等能力。				
活動範例	理解紅綠燈規則、排餐具	挑選鞋子、電視選台、排隊上車、裝八分滿、對統一發票	碗盤形體應用、依圖示擺設物品、相同形狀之花瓣或葉子分類	折扣商品、計算機應用	記帳與金錢運用、時間管理、減肥記錄、看薪水條、存款簿運用

資料來源：本表除活動範例外，其他摘自教育部（1997）。

二、課程策略

對認知程度較好的學生，可以嘗試訓練數字的應用能力，如金錢購物的應用，或運用計算機的能力，但以生活實用性為主；對認知程度較差的學生，如果很差，則不需要進行數字的計算應用教導，可直接著重金錢的概念及準數等更生活化的應用。其課程設計應考量：

1. **生活化內容**：實用數學課程相當著重生活化的應用，所教導的內容必須強調學生日常生活運用得到的範圍。
2. **教學情境安排**：配合學生的能力需求塑造生活化的教學情境，使學生能夠自然應用，例如布置實習商店成為教學場所並實際演練找錢、記帳、點貨等，培養學生真實情境的應用能力。

3. **適當利用輔助性器具或方案**：依學生的能力安排適當的輔具，例如使用計算機提升學生的四則運算能力，而不強調學生一定要會百位數字的加法。又如錢幣的應用，可以強調以替代方案使用金錢，而不一定要算出準確的金額購物。
4. **評量應用**：實用數學必須依照學生的認知能力及表現，採用不同的評量方式，其中若屬於認知程度較好的學生，則應評量學生認知程度表現，以便應用編序教學的原則設計課程。若認知程度較差的學生，則可實施生態評量了解學生日常生活中數學的應用能力與需求，以進一步設計功能性課程。
5. **準數教導**：準數是數學的基礎概念，它不涉及代數或幾何的運算，卻是日常生活中常會遇到的情況。因此對於程度較差的學生，尤其是重度智能障礙學生，是非常適合的教學方向。例如至鞋店買鞋子，學生會依腳之大小、選換較大或較小的鞋子；又如現在有一公斤的番茄，則學生會拿大小差不多可以裝得下的盤子來盛；而學生在職場中會將十個雞蛋一一對應裝入蛋膜中以便銷售，均是準數的表現。亦即要教導學生能利用數學概念解決日常生活面臨之問題。
6. **概估教導**：智能障礙學生因較無能力精算出數學，因此可教導其概估（estimation）的能力，以提升其應對日常事件中數的應用能力。概估分成兩類，一類為估算（computational estimation），另一類為估量（estimating measures; estimating numerosity）。估算可以說是「得到一個計算題的粗略答案的一種過程」，是一種猜出合理近似值的技能。估量則可以定義為「不使用一般測量工具，而以某種方法推論出該種度量的一種過程」（盧琬貞，2002）。其中常見的包括：

   ⑴位值概數（place value）：了解數字中各個位數所代表的意義，並藉以掌握大概的數字，如 3964 中的 3 代表有三個一千，而第二個 9 代表接近一個千。因此學生可以判斷應拿出四千元付該價值之物品。

   ⑵比較數字大小：判斷與某數的相對大小關係。例如學生有 50 元，甲物 36 元，乙物 69 元，學生了解他所擁有的錢只能購買甲物。

課程範例

1. **排餐具**：訓練學生安排擺設餐具，每一個位置對應一個碗、一雙筷子、一只湯匙及一張餐巾紙。可依學生的程度，給予口述題目（如筷子在碗的右邊、湯匙在碗的左邊……）、圖示題目，或以實物示範呈現題目，學生依老師的題目擺放各餐具的位置。
2. **記帳與金錢運用**：配合生活事件，做財物的管理應用。例如請學生記錄過年收到的紅包及其來源、規劃如何運用過年收到的壓歲錢、何時運用等等。
3. **時間管理**：配合自然情境中的活動安排，規劃時間。例如讓學生規劃在這一節課中如何分配活動的時間，並請學生計時做時間掌控。或請學生記錄在家起床、做功課及就寢等生活作息的時間，並於課堂分享、檢核、討論。
4. **對統一發票**：請學生蒐集統一發票，比對中獎號碼查核是否中獎及中獎之金額。對統一發票可訓練學生尋找數字及配對之能力。

第三節　生活教育

生活教育課程主要在提升障礙學生的生活能力，各種障礙類別的學生均會教導生活教育課程，其中若智能障礙程度越重或越低年級的學生，此課程比例會越加重。生活教育的課程內容很多，本文將其中兩性教育另立一節討論。而由於生活教育相當著重生活功能表現，因此許多課程活動可能跨及其他領域，例如休閒教育、社會適應、職業生活，甚至實用語文等等。

一、課程綱要之訊息

國民教育階段之課程綱要分三個次領域，下分十二個綱目（見表 4-3）。高中職教育階段則主要在個人生活領域中呈現，指自我照顧的生活能力。但該領域乃以功能性為原則，因此次領域包括實用語文、實用數學、溝通、生活禮儀、生活科技、健康休閒、消費理財、藝術活動、獨立自主、解決問題、生涯

表 4-3 生活教育課程綱要內容與活動範例

次領域	居家生活				自我照顧					知動能力		
綱目	家庭倫理	居家安全	家庭設備	家事能力	心理健康	生理健康	個人衛生	穿著	飲食	精細動作	粗大動作	感官知覺
項目	家庭概況、家庭活動、照顧家人	危險物品、意外事件	房舍、工具、家電	食物處理、衣物處理、環境整理、廢物處理	自我肯定、個人適應	身體構造、身體功能、身體保健、疾病認識與預防、兩性教育	如廁、盥洗、儀容整飾	穿著能力、衣著整飾	飲食能力、飲食習慣	手眼協調	基本動作與肌力	視、聽、觸、味、嗅覺
目標	1. 訓練感官知覺與動作的統整發展，增進概念形成和知能應用。 2. 發展粗大及精細動作技能，奠定各項學習的根基。 3. 培養健康的知識、技能與態度，養成良好的生活習慣，奠定身心健康的基礎。 4. 實踐生活規範，建立正確倫理觀念，營造和諧快樂的生活。 5. 認識生活環境中的危險情境，培養自我安全與維護的能力。											
活動範例	家庭關係、嬰兒照顧	廚房安全、傷口處理	修理家中用具	冰箱儲物、整理衣櫃、清潔電器用品、烹煮食物	挫折的處理、認識自己的優點	健保看病、生病警訊、吃藥	洗澡、洗頭、使用牙線	打扮逛街、吃喜酒	吃飯禮儀、體重控制	縫製衣物	跳繩運動、知動能力	食物腐壞辨識與處理

資料來源：本表除活動範例外，其他摘自教育部（2000a）。

規劃等（教育部，2000a）。

二、課程策略

生活教育主要在提升身心障礙學生的生活功能，因此功能性的課程設計為重要原則。其課程設計應考量：

1. **工作分析應用**：許多生活教育的課程需要應用工作分析技巧，將活動及所需技能進行分析，以便配合學生學習能力，設計教導的程序步驟。
2. **復健功能配合**：若學生具有某些肢體問題，則請教復健師依其評估結果提供建議進行課程設計，以提升學生的粗大或精細動作功能。除了以站、行、跑、跳、翻滾、韻律等活動訓練粗大動作，以剪紙、勞作等活動訓練小動作外，更理想的方法是將粗大和精細動作的能力訓練嵌入生活教育課程中具功能性的活動。例如釘木箱以復健學生的腕關節活動能力。
3. **評量實施**：生活教育課程主要在提升學生的生活功能，生態評量的應用可以成為課程設計的依據。例如生態評量學生的衛生狀況或周邊處理的行為能力，以規劃適當的課程。又如評量學生對自身特殊疾病的處理以規劃身體保健課程，例如癲癇學生的自我照顧、精神分裂學生病識感認知等等。
4. **實際應用的原則**：教導學生生活教育時，應該引導學生最後得以實際應用出來。例如教導學生漱口後，可設計作業，讓家長在家督導學生實際應用，另可應用生態評量，了解學生在用餐後實際的漱口行為表現。
5. **教學資源運用**：生活教育應配合生活技能選取教材，因此教材最好取自於日常生活，例如腐臭食物、衣物、衛教宣傳單、醫院門診單、廣告單等等。

課程範例

1. **整理衣櫃**：以歸類的概念及工作分析技巧教導摺衣，並訓練學生整理衣櫃的能力。若學生仍然學不來，則以摺衣板輔助訓練摺衣動作。設計作業單使學生能夠在家裡進行摺衣。
2. **使用牙線**：以牙齒模型講解使用牙線的功能，對使用牙線進行工作分析，以鏡子自我檢視用牙線清潔的情形。並在每次用餐後，評量學生實作的態度與表現情形。

3. **清潔電器用品**：教導學生清潔家用電器，分析清潔電器的注意事項及重要原則。利用工作分析提升學生清潔的品質，及以實作評量檢視學生實際清潔的能力，並予以評分。

4. **飲食控制**：了解標準體重的意義，教導食物熱量的概念，依需求攝取適當的食物及養成適當的飲食習慣。並可設計飲食紀錄表，請學生記錄飲食狀況而後在班上分享。

5. **食物腐壞辨識與處理**：教導學生從味覺、嗅覺及保存期限等，辨認食物腐壞的特徵，以及學習食物腐壞的處理。並請學生觀察辨識學校及家裡冰箱或櫥櫃內食物的存放情形。

第四節　社會適應

社會適應課程主要在提升學生的社會生活能力，幾乎每一障礙類別的學生均需要學習。

一、課程綱要之訊息

國民教育階段社會適應課程主要在培養學生成為社區中適應的個體，教導內容很多，包括環境與資源及社會能力兩個次領域，下分六個綱目：行動能力、環境維護、社區環境、自然環境、社會知能與社交技能等（教育部，1997）（見表 4-4）。而高中職教育階段社會生活領域，指群己關係的生活能力，包括自我決策、生涯發展、社交技能、社會知識、社區資源的使用、社區參與、公民活動、環境與資源、職業生活九個綱要。其中自我決策課程將另闢一節呈現（教育部，2000a）。

二、課程策略

社會適應課程主要在引導學生走入社區，課程設計應考量：

表 4-4 社會適應課程綱要內容與活動範例

次領域	環境與資源				社會能力	
綱目	行動能力	環境維護	社區環境	自然環境	社會知能	社交技能
項目	交通工具、交通安全、交通運輸	環境整理、災害的防範與應變	學校、社區、政府組織	動物、植物、礦物、季節與氣候、環境與生態保護	節慶、民俗與文化、歷史常識、地理常識、時事資訊、法律常識	吃喜酒、社交禮儀、人際關係、社交會話
目標	1. 培養適切的社交技能，增進良好的人際互動關係。 2. 認識社區環境與資源，了解自然、人文、史地的基本常識。 3. 熟悉使用社區設施，增進參與社區活動的能力。 4. 培養關懷生活環境及愛鄉愛國的情操。 5. 培養明辨是非、價值判斷、解決問題的能力及負責的行為與態度。					
活動範例	搭乘交通工具、乘車安全、看地圖找路	資源回收、颱風災害預防、垃圾分類	社區設施、參與社區服務、參觀政府機構、社區資源運用	飼養寵物、栽種植物、環境保護	參與節慶活動、吃喜酒、認識法律常識、投票	培養社交技能、情緒辨識與管理、認識作客禮儀

資料來源：本表除活動範例外，其他摘自教育部（1997）。

1. **社區化原則**：為了提升身心障礙學生的社會適應能力，社區化教導為重要的原則。因此教導時應規劃學生走入社區的活動安排。
2. **以學生生活為中心**：社會適應課程需要以學生之生活狀態為中心，設計需要之課程。例如學生人際互動狀況不佳，則設計社交技巧相關課程；又如依學生之需求在其生活環境中尋找相關資源，發展其社會適應能力。
3. **掌握時事**：例如依節慶或重要國家、社區活動安排課程，使學生在自然情境下（如媒體廣告、時事話題），對活動內容的體會更深。例如利用王建民棒球熱潮，帶學生觀看棒球賽。

課程範例

1. **垃圾分類**：教導學生垃圾分類的能力與態度，並藉由每天用餐後的垃圾分類實作，培養學生環境維護的認同與執行能力。
2. **參與社區服務**：安排社區服務與參觀，如老人院與醫療機構，藉由數位相機拍攝返校分享討論，以了解社區機構的功能與應用。
3. **認識法律常識**：經由剪報或新聞播報，了解新聞事件中各人物的感受及動機，並引導至法律刑責觀念，藉由講授、角色扮演與討論，建立學生的法律常識。
4. **投票**：配合立法委員的選舉時機，設計情境，如海報、投票箱、宣傳單等，模擬選舉班上的好人好事，並請候選人發表政見，以體會公民權利的意義與執行。
5. **吃喜酒**：請學生描述參加喜宴的經驗，檢視服裝、與人應對、用餐、風俗禮節的行為表現。如果有學生近日將參加喜宴，請他以數位相機拍攝某些喜宴環節後返校分享。
6. **情緒的辨識與管理**：將情緒表情做認知及意義上的討論，同時利用照鏡子，做各種表情的模擬辨識及討論。並以作業單記錄自己當天的情緒及引起該情緒的事因，進而引導學生認知別人所表現情緒背後可能的原因。
7. **社區資源運用**：帶領學生參觀社區中的郵局、醫院、警察局等機構，以增進學生對社區資源之了解，並設計相關活動（如寄信），實地運用社區資源。

第五節　休閒教育

對一般學生而言，休閒教育並不會獨立成一個領域進行教導。但由於許多障礙學生，尤其是智能障礙學生，未能適當安排休閒生活，因此休閒教育便成為智能障礙教育的一個重要領域，希望學生現在及未來能有不錯的生活品質。

一、課程綱要之訊息

休閒教育課程包括休閒活動、藝術活動及育樂活動三個次領域，下分六個綱目（教育部，1997）（見表 4-5）。其中適應體育屬育樂活動次領域內容，本書將於第十五節中另行討論。

表 4-5 休閒教育課程綱要內容與活動範例

次領域	休閒活動		藝術活動		育樂活動	
綱目	休閒技能	休閒態度	美勞	音樂	康樂活動	體育
項目	休閒設施、活動安排、意外處理	興趣培養、安全須知	欣賞、繪畫、工藝、雕塑	欣賞、歌唱、樂器	視聽娛樂、益智活動、户外活動、其他娛樂活動	體能遊戲、體操、球類運動、田徑運動、舞蹈、民俗運動、其他運動
目標	1. 培養學生休閒知能，善用休閒時間，豐富生活內涵。 2. 輔導學生了解其性向與興趣，促進其個性與群性的平均發展。 3. 輔導學生從事適合其體能、興趣的活動，以增進身心均衡發展。 4. 陶冶生活情趣，培養審美及創造能力，以成為快樂活潑、奮發進取的國民。					
活動範例	認識休閒活動、生活攝影、休閒活動安排、逛遊樂園、意外處理	遵守團體競賽規則	寫生畫、編織圍巾、繪畫創作	KTV歡唱、樂器演奏	慶生、看電影、下棋、大富翁遊戲、撲克牌	接力賽、球類活動、適應體育

資料來源：本表除活動範例外，其他摘自教育部（1997）。

二、課程策略

打電動、看電視，嚴格來說只能算是無聊時的消遣活動，欠缺積極性與建設性的功能，較不是休閒教育的理想教學內容。休閒活動應該具備六大功能：⑴帶給個人快樂的感覺；⑵增進身體健康，增加生活的多樣性；⑶增加個人的自由感、體驗各種生活目標；⑷發展人際關係與建立友誼；⑸娛樂與紓解壓力；⑹經由需求的滿足而平衡人生。唯有掌握功能，方可以達到真正休閒的意義（陳蘭馨，2004）。而在教學上應注意幾點：

1. **生活化內容**：休閒教育的實施在於增進學生休閒能力，因此如果所教導的內容是學生沒有辦法在日常生活中執行，或現在、未來沒有機會進行的活動，則為不適當的課程。
2. **促進群性發展**：許多休閒活動具有團體互動的過程，教師在教學上應利用各種機會教導學生遵守團體規範，養成合作禮讓的態度，以利將來在社會團體中生活。
3. **多樣性**：休閒教育在培養學生未來的休閒能力，因此應教導學生認識多元的休閒種類，讓學生未來在成人生活上有更多樣的生活調劑，真正達到提升生活品質的目的。休閒活動的種類很多，一般來說可分幾種類型：⑴感官享受型：滿足生理感官上享受，沒有學習壓力與目標，目的在於鬆弛筋骨，紓解工作壓力；例如到餐廳享用美食、泡湯做 SPA、唱卡拉 OK。⑵體能運動型：藉著運動技能，提升身體效能，目的在追求健康，並藉此結交朋友；例如球賽、扯鈴、搖呼拉圈、游泳、舞蹈等等。⑶藝術人文型：講求精神上的充實與愉悅，能欣賞自己與他人的成就，目的在追尋創造鑑賞的能力；例如樂曲欣賞、參觀畫展、繪圖雕塑、攝影。⑷探險山林型：具冒險性質的野外活動，目的不在追尋技能的學習，而是體驗過程；例如攀岩、爬山。⑸居家生活型：培養家居生活的獨立能力，體驗操作家事的生活能力；例如修理水電、粉刷牆壁、採買、園藝植栽。⑹觀光旅遊型：透過旅遊了解各地鄉土、人情、文物，目的在增廣見聞、通情達理；例如探訪古蹟、名人拜訪等（陳蘭馨，2004）。

課程範例

1. **認識休閒活動**：引導學生蒐集休閒活動的資訊後在班上分享，並討論一般有益休閒活動的特徵，藉以增加學生對休閒活動之認識。並引導學生思考自己最常或最喜歡的休閒活動的經驗與感受。
2. **繪畫創作**：進行各種繪畫活動，如線條、塗鴉、手指畫、吹畫、描畫、流畫、壓畫、抽線畫、滾畫、貼畫、寫生。亦可以沙子、豆子等成為媒材，增加作品過程的多樣經驗。除了培養學生休閒興趣外，亦能藉由活動操作訓練學生的肢體動作、手眼協調或口腔肌肉、舌頭動作之能力，引導學生藉由作品過程及作品分享做自我探索，並擴張到對環境的探索，體認環境進而關心周遭環境刺激。
3. **看電影**：請學生進行看電影經驗分享，教導學生從網路或報紙取得電影資訊，進而選擇影片，並教導學生電影購票流程及看電影禮儀等。最後實際安排電影賞析活動。
4. **大富翁遊戲**：進行大富翁遊戲活動，首先須教導團體遊戲規則，以掌握群體互動規則。如果學生程度較差，則請程度較好的同學做協助指導，幫忙閱讀文字指令，或另行設計較簡易的大富翁遊戲規則及文字內容。

第六節　職業生活

職業生活課程主要在提升學生的職業能力，因此各種障礙類別的學生均會予以教導。其中在國民教育階段，若越高年級的學生，尤其是不做升學選擇的學生，此課程的分量會加重。高職教育階段則主要以職業學程進行職業教育。

一、課程綱要之訊息

國民教育階段主要探討職業性向、職業態度、職業知識三個次領域（教育部，1997）（見表 4-6）。高中職階段智能障礙類職業學程綱要在職業生活能

表 4-6 職業生活課程綱要內容與活動範例

次領域	職業性向		職業態度		職業知識	
綱目	特定職業技能	職前技能	工作調適	工作倫理	生涯發展	工作知識
項目	體力類、整理類、生產類、服務類	體力負荷、清潔整理、組合包裝、接待服務	工作習慣、工作態度	遵從指示、工作責任、合作共事	自我了解、生涯規劃	工作資訊、工作安全、求職技巧
目標	1. 發現個人能力、興趣與性向。 2. 學得正確、實用的工作知識。 3. 建立體力、整理、生產及服務等職類工作的基本技能。 4. 養成負責、合作的工作態度。 5. 養成適應工作環境的能力。 6. 能適應環境的變遷，做好個人生涯發展規劃。					
活動範例	培養服務態度、各種職業認識、職場參觀、培養職業技能	清潔技巧訓練、清點成品	記錄工作時間、負責認真、工作問題解決	同事關係、遵守工作規約	認識自我的限制、了解自己的興趣	工作安全、職場福利、面試應徵技巧

資料來源：本表除活動範例外，其他摘自教育部（1997）。

力領域呈現，是指未來工作的能力，包括行業知識、基本技能及職業道德等。另並以五大職能學程呈現課程綱要，包括：農業職能學程（園藝科、農場經營科）、工業職能學程（汽車科）、商業職能學程（文書事務科、資料處理科）、家事職能學程（家政科、美容科、食品加工科），以及服務職能學程（餐飲服務科、水產製造科）（教育部，2000a）。

二、課程策略

職業生活課程在培養學生的職業能力，因此包括職業探索、職業訓練、就業技巧等等。其中國民教育階段著重職業探索與職業的認識，高職教育階段則強調經由實務經驗發現學生的興趣潛能，以培養各種技能。課程設計應考量：

1. **以實務為中心**：高職教育階段各職業學程之專業科目以實務為核心，輔以簡單淺顯之理論知識，並加強與社區及職場之聯繫，藉由校內外實習落實轉銜目標之達成。其中一年級以職業試探（如安排職場參觀），二年級以培養專業技能，三年級以進入職場實習為主進行教學（教育部，2000a）。
2. **運用真實情境**：職業生活課程的教導應多運用真實情境的資源，如報紙求職廣告、職訓局求職應用、各種職場參觀等等。
3. **職場模擬**：模擬職場布置教學情境，例如打卡（登記上班時間）、工作檢核表（例如自己評估工作步驟完成的狀況），藉由情境培養學生的工作技能與態度。
4. **教材資源**：如職訓局之相關錄影帶、一般謀職表格（如履歷表）、報紙網路求才訊息等環境中的相關資料，均可成為教材資源，設計適合的課程。
5. **職能評量**：藉由職能評量了解學生的職業潛能、性向及行為表現，據以設計教學方向或培養學生的職業性向。

課程範例

1. **職場參觀**：帶領學生參觀各種職業場所，如百貨公司銷售服務、加油站洗車工作，或機構庇護工場等，藉由事先的作業單，引導學生觀察各種行業特性及該從業人員的良好及不當表現，以強化學生之職場印象及建立正確的工作態度。
2. **培養職業技能**：藉由實務操作培養學生的工作技能，如掃地、組裝零件等，並設計檢核表讓學生自我檢視或檢視他人工作成果的優點及缺點。
3. **記錄工作時間**：將教室模擬成工作情境，學生帶著工作卡片記錄工作時間（如洗碗、擦拭桌子等），在一段時日後計算工作總時數，並進行檢討。

第七節　閱讀課程

學障語文課程乃以語文學習障礙學生為主要教學的對象，然其部分學習策略及教學原則仍適用於一般學習困難的學生。學障語文課程通常包括閱讀及寫作，閱讀課程可分為字詞的認識及文章段落的閱讀理解。寫作課程本書將於下一節中介紹，本節只針對閱讀課程進行探討。單字詞義之識字困難及文詞意義之理解困難是造成閱讀困難的兩個主要現象（見圖 4-1），另外，對於注音符號學習有困難的學生，可能因此導致其學習字詞上的困擾，本節也將一併探討。本節在閱讀課程的討論從字詞認識、閱讀理解及注音學習三方面著手。

一、課程綱要之訊息

學習障礙的閱讀課程並無特定的課程綱要，其課程往往由教師依據學生需要進行編擬。

二、課程策略

通常學習障礙語文課程可以就兩個向度進行探討，一為教學內容，一為學習行為指導。其中教學內容分為兩種教材，一為簡化教材，二為教師自編教

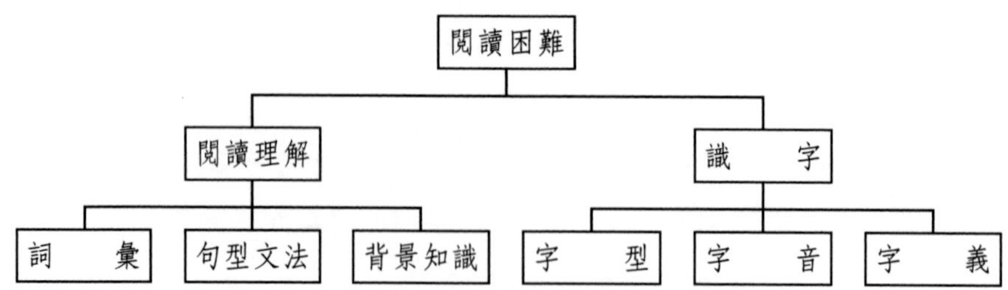

圖 4-1　閱讀障礙可能出現的問題

材。簡化教材乃依普通班課本及進度為範本編製，依照學生的程度將原班課程的內容簡單化，並以較慢的速度進行課程，所適用的為學業成就表現較好的學習障礙或學習困難學生；教師自編課程，則依學生的程度進行編製，通常內容更為簡單且偏重功能性。而學習行為指導包括多種學習表現，例如注意力、記憶力、學習策略等等，本書留待第八章進行討論。閱讀課程的設計應考量：

1. **生動活潑的教學型態**：學習障礙學生由於障礙之能力限制，對於課程較缺乏興趣，因此對學生的教學除了強調結構性，更著重生動活潑的形式與內容，以便引起學生興趣與動機以提高其學習效益。
2. **了解學生的問題所在**：例如了解學生的語文問題是因為認字影響閱讀理解？還是學生聽覺理解正常但文字理解有困難？學生的問題是有閱讀空間錯置的現象嗎（如上看成下）？了解學生的問題所在，方可以設計一個適當的課程內容。
3. **多感官法（multisensory approach）**：又稱 VAKT（visual, auditory, kinesthetic, and tactile，視聽動觸法），以各種感官通道增加學生學習印象。例如學一個新單字，除了依傳統的老師講解外，並請學生一邊讀出該字給自己聽，甚至在沙紙上觸寫該字，或做部件分析以拼圖組字。
4. **解碼策略**：運用解碼策略是提升學生認字和閱讀理解最常用的方法（Crowe, 2005）。例如引導學生將字依形體或部首做分析，即做部件分析，使學生從字的結構進行學習；而文章理解問題則可對文章的前後內容結構進行解碼分析。
5. **過度練習**：藉由過度練習（over learning）強化認字及理解詞彙，可避免學生日後學習相似字時出現困擾。

而在字詞認識、閱讀理解及注音學習上有其特別的策略：

(一)字詞認識

字詞教學的主要目標是要學生能夠進一步了解文章的意義，因此在教學上應注意增進學生對字彙撰寫的正確性、意義的了解，及將其知能轉為得以理解的文章（Bryant, Goodwin, Bryant, & Higgins, 2003）：

1. **字詞結構分析**：例如陣看成陳、中心看成心中、was 看成 saw 或 dig 看成

big 等等，可能是字的筆畫增減、辨識能力、順序問題、空間等等所導致的認字問題。在教學上則須做辨識訓練及部件分析。

2. **結合口語及書寫訓練**：以VAKT法利用各種感覺，使學生更熟悉於解碼規則及認識更多字的寫法及其意義。

3. **詞彙定義教學**：閱讀表現乃不只在於學生正確地讀出字，更在於能夠了解字詞的意義，因此詞彙意義的教學便相當重要（Crowe, 2005）。「詞彙定義教學法」係基於由下而上的閱讀模式，強調要先了解詞彙的意義，才能進一步了解句子、文章的意思。主要是直接教導學生詞彙的意義，其運用的方式有查字典，運用字的解碼，分辨正確的定義，直接教導同義詞（synonyms）、反義詞（antonyms）和多義詞（multiple-meaning）等等（歐素惠、王瓊珠，2004；Bryant, Goodwin, Bryant, & Higgins, 2003）。

4. **詞彙分類教學**：依據語詞的不同概念做分類，強化學生對詞彙概念的了解，進而發展批判思考能力。其運用方式主要有字群（word sorts）（見圖4-2）、概念圖（concept circles）、語意構圖（semantic mapping）、語意特徵分析（semantic-feature analysis）、類推（analogies）及詞彙配對造句法（paired-word generation）等。概念圖是將詞彙依其所涵蓋的概念多寡，以圖表的方式呈現詞彙間的關係（見圖4-2），語意構圖是教學生組織訊息，透過視覺的方式來呈現概念間的關係（歐素惠、王瓊珠，2004），常見的如使用語意網狀圖來理解文章的內容。

㈡閱讀理解

許多策略被探討以增進學生的閱讀能力，其中如SQ3R法為最常討論的策略之一，即：瀏覽（survey）、提出問題（questioning）、閱讀（read）、複述（recite）、檢討（review）等技巧程序進行閱讀，以掌握閱讀文章的理解能力。而Crowe（2005）指出增進閱讀理解可以使用兩種策略：一為以解碼為基礎（decoding-based），即線性（linear）能力訓練；二為以字意為基礎（meaning-based），即整合（integrated）能力過程。其中可運用到的技能包括（Boulineau, Fore, Hagan-Burke, & Burke, 2004; Crowe, 2005; Vaughn, Linan-Thompson, & Hickman, 2003）：

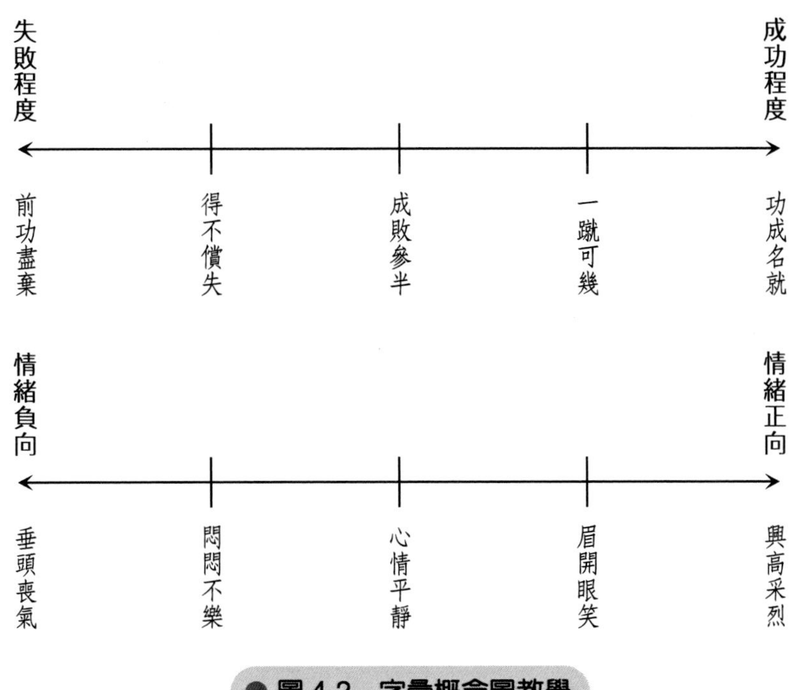

圖 4-2　字彙概念圖教學

1. **以問題引導學生思考**：學生閱讀之後，問學生有關課文所陳述的內容，或引導學生自己對文章內容提出問題。學生試著回憶或直接比對文章內文尋找答案。學生藉由問題的引導，將可以增進對文章的理解。
2. **做摘要（summarization）**：學生針對所閱讀到的內容重點加以摘述分析做成筆記，因為做摘要得經過自己的思考整理，因此可強化對文章的理解。
3. **故事圖（story map）**：將文章內容或架構以繪圖方式呈現，協助學生將文章內容進行組織，解釋文章中的資訊，增進記憶與理解能力。
4. **內在語言運用**：透過內在語言或小聲口語輔助進行閱讀，以增加學習線索的方式進行文章的解讀，使學生因為增加聽覺學習而提升學習效益。
5. **文章結構教學**：找出文章主要字句元素與組織文章架構，輔以圖表呈現，使閱讀時能掌握內容架構，並找出文章內的重要訊息，從文章結構分析引導學生閱讀理解的提升。

6. **重述文章**：閱讀後讓學生重述文章，重述後請學生再次閱讀文章，引導學生確認所閱讀的內容及加深閱讀印象。
7. **溝通策略**：與學生討論文章的內容，經由提示、線索等，協助學生對文章的認知與理解。並嘗試將複雜的句子簡化、解釋生字，以及整理課文的脈絡等，引導學生理解文章的意涵（Crowe, 2005）。
8. **引導體會生活事件**：學生對生活事件的體會經驗不足或背景知識缺乏，也會導致學生對文章內容的理解不佳。因此教師在解釋文章內容時，應盡可能與生活經驗結合，引導學生了解文章對生活事件的描述。平時並可以引導學生多體會生活事件，增進背景知識，進而增進學生的興趣、動機及對文章的理解。
9. **增加閱讀經驗**：鼓勵並定期指定學生閱讀文章。雖然這樣的支持方案無法讓學生對某些課文立即了解，但是長期下來，學生對字彙的認識及對情境狀況的理解均會增加，可以使學生很自然地提升閱讀理解力（Manset-Williamson & Nelson, 2005）。

㈢注音學習

注音符號的學習問題可能有替代音、歪曲音、省略音、添加音、音調錯誤等等，常見的包括：⑴聲母混淆：「ㄓ、ㄗ」、「ㄔ、ㄘ」、「ㄕ、ㄙ」、「ㄖ、ㄌ」、「ㄈ、ㄏ」、「ㄋ、ㄌ」發音混淆；⑵韻母混淆問題：「ㄣ、ㄥ」、「ㄝ、ㄟ」、「ㄦ、ㄜ」、「ㄛ、ㄡ」、「ㄤ、ㄢ」、「ㄧ、ㄩ」發音混淆；⑶聲調混淆問題：聲符混淆，尤其二、三聲難以分辨。

1. **注音符號教導**：教師可以從幾個方面教導學生注音符號的學習：⑴利用遊

閱讀理解

期中考翻譯題：「子在川上曰：逝者如斯夫，不捨晝夜……」

小喜作答：「女子站在河邊說：死去的那個人好像是我的丈夫，白天晚上看起來都很像……」

戲活動培養學生仔細聆聽觀察的習慣及做相似音的區辨；⑵教導發音技巧，教師做正確的示範，使學生掌握發音方法；⑶分析發音原理，比較相似聲韻，使學生發音精確（吳佩芬，2001）。

2. **精緻化教學法**：讓學生精緻地學習每一個音符，建議由韻母開始教起。透過故事、遊戲、動作、教具、網路多媒體教學等多元方式，幫助學生有效率的學習，提高學生對注音符號的興趣與學習的動機（孟瑛如、鍾曉芬，2003）。

課程範例

1. 字詞認識

⑴ 相似字詞辨識：將相近字做比較解釋，例如陳的兩撇用紅筆特別標出，並以口語念出「陳有兩撇」，以與陣做區別；將中心及心中兩個詞的中同時以紅字出現等技巧，讓學生藉由紅字出現的位置強化對字詞差異的認識，並以口語強化概念「中心是中間那一個位置，心中是心裡的中間點，哪一個字先出現，就是解釋先出現」。

⑵ 「認真」詞彙認識：請學生對「認真」一詞進行相同概念及相反概念的聯想，並進行歸類（如圖 4-3）。學生如果想出的字太少，則允許學生查字典，從字典內對詞的解釋發現更多的相似詞彙，再請同學上台分享自己的詞彙，並集合大家的詞彙，使同學更了解該詞彙之意義及認識更多的詞彙。

認真的詞彙
認　真
用　功
努　力
奮　鬥
勤　奮

認真相反的詞彙
懶　惰
打　混
偷　懶

圖 4-3　字群教學

2. 閱讀理解

(1) 文章的理解：利用幾個教學程序引導學生理解課文，以朱自清〈背影〉為例：

①學生看文章標題及本文大意，引導學生思考作者會如何撰寫文章的內容，而後讓學生看第一段及最後一段，再請學生推想可能會有的文章內容為何。如果自己是作者，會如何進行文章布局。然後再看文章的內容，與自己的預期內容進行比對討論。此即預期結果（predicting）之策略運用。

②請學生以欣賞的角度閱讀文章內容，在不對照註釋的情況下，圈出閱讀中他所不了解的文意字詞。

③請學生對照註釋、查字典，或請教老師同學，將剛才圈選的字詞做註釋。

④再以問題引導學生從文章中找尋答案。

⑤將課文重新閱讀一遍，對文章做整合理解。

3. 注音學習

- 聲音分辨：製作舉牌，正面為ㄓ背面為ㄗ，教師發各種音，包括ㄓ或ㄗ、住或足，枕或怎等等，學生進行辨識舉出正確的音。活動中並可請同學上台出題，請其他同學進行辨識舉出正確的音。對於「ㄔ、ㄘ」、「ㄕ、ㄙ」、「ㄖ、ㄌ」、「ㄈ、ㄏ」、「ㄋ、ㄌ」、「ㄣ、ㄥ」、「ㄝ、ㄟ」、「ㄦ、ㄜ」、「ㄛ、ㄡ」、「ㄤ、ㄢ」、「ㄧ、ㄩ」也用同樣的活動進行分辨。

第八節　書寫課程

書寫課程主要是針對寫作不良的學生進行教導，尤其是語文學習障礙中具有寫作障礙的學生。書寫語文能力包含寫字能力和作文能力，寫字能力的主要內涵是書法和錯別字，作文能力涵蓋質與量兩個範疇。本節從寫字教學及作文教學兩個向度進行探討。書寫語文障礙學生特徵主要是欠缺書寫相關能力，諸如適當的聽語、說話與閱讀能力、寫字的先備能力、寫字的基本技巧、書寫語文的知識以及組織與計劃寫作的認知策略等等（楊坤堂，2002）。這些問題均是我們在教導學生寫作時要去面對解決的。

一、課程綱要之訊息

書寫課程無特定的課程綱要，其課程內容往往由教師依學生需要進行編擬。

二、課程策略

㈠寫字教學

1. **電腦輔助寫作**：對於有嚴重寫字障礙的學生可允許藉由電腦寫作打字，以免因為寫字能力限制而阻礙其發展作文能力的機會。
2. **錯誤類型分析**：將學生的錯誤類型分析出來，予以設計課程。例如寫字易顛倒的學生，則做視知覺教導。寫詞易顛倒的學生則做順序的提示。
3. **字型辨認**：學生可能因為視知覺或運動知覺問題而將相近的字形混淆撰寫，例如找與我或天與夭混淆不清，對於字型易混淆的學生則可予以進行部件分析、教導口訣策略技巧或用顏色做標記，提升其辨識能力。
4. **部件分析**：以拼組字形、凸顯部首、加強筆畫、抄寫練習、查字典、聽寫等各種方法，加深學生對字形結構的認識與記憶，而能書寫正確的字形。並將同字音、同部首或字形相似的字當成一組來教導，分析其中的異同，減少學生的記憶負擔而能寫出正確的字。
5. **字的規格問題**：寫字障礙的學生若因為運動知覺或視知覺的問題，則往往會有寫字扭曲的現象。可能是縮成一團、字體擴散或極不工整。對於字的規格則教師可藉由適當教材進行訓練，例如畫輔助線、格子等。此外，亦可請職能治療師進行評估、訓練並提出課程建議。

㈡作文教學

以往寫作教學是直線式、機械式的，較強調學生作品的優劣，是一種「成果導向」的教學，其方式為「學生寫，教師改」，老師包辦所有文章修改工作，而忽略寫作過程，造成學生不會修飾及檢核自己的文章，缺乏良好寫作習慣，導致作文品質低落。近來認知心理學將教學視為師生互動歷程的觀點，寫作教學理論與研究有了重大的改變（劉明松、王淑娟，2002；鄭傳真、王萬清，1997），促使教師在教導寫作時重新調整教學的重點，注重作文技巧教學，其主要目標在提升學生寫作的認知策略，以及補救其寫作的基本技巧。

1. **先備知識的教導**：寫作的先備知識主要有兩個向度，一是學生的生活經驗與閱讀成就，另一則是學生已習得的書寫語文能力（楊坤堂，2002）。學生生活經驗對寫作的影響主要在於是否能觀察體驗事件，進而成為寫作的靈感及思考的細緻度。閱讀成就則指學生的閱讀書籍成果對其撰寫能力的正向影響，這兩項成就影響學生的寫作思維能力。而已習得的書寫能力則是指寫作技巧的表現。
2. **後設認知訓練**：提升學生後設認知能力，可以增強學生的寫作技巧，其中包括：⑴改善學生注意文章結構與內容有關問題的能力；⑵發展學生退出寫作者的身分，而以讀者的立場閱讀自己文章的能力；⑶發展學生監控與評鑑自己文章撰寫的品質，改正其不佳的表現；⑷提升學生獨立檢核與規範自己的寫作表現（楊坤堂，2002）。表 4-7 檢核表即是後設認知策略的應用，可以引導學生自我檢視所寫文章的品質，教師在學生檢核後，引導學生逐項討論與修飾。
3. **圖表教學法**：圖表教學法在藉由動手製作文章圖表及視覺提示線索，引導自己進行結構化寫作，增加學生的寫作能力。此亦為後設認知應用的一種方法。
4. **寫作教學形式**：藉由遊戲或生活資源進行寫作訓練，例如以故事接龍訓練學生觀摩及創作的能力，或使用電子郵件傳送訊息等，引導學生在自然情境下提升寫作的能力。

書寫障礙

護士小姐：「下一位，關錯鳥小姐。」
關小姐：「小姐，對不起，我是關金鵲。」

表 4-7 寫作檢核表

□ 1. 文章內容與題目相一致？
□ 2. 文章句子通順嗎？
□ 3. 相同詞彙是否重複使用過多？
□ 4. 文章架構井然有序嗎？
□ 5. 句子的描述有沒有不合理之處？
□ 6. 可以再加些形容詞或副詞修飾嗎？
□ 7. 有不確定是否正確使用的字詞嗎？

5. **補救教學（remedial teaching）**：補救教學主要在對學生的寫作表現進行評估，而後針對問題進行教學。語文寫作的補救教學主要涵蓋：⑴文法：包括字音（phonology）、語形（morphology）及語法（syntax）；⑵語意（semantics）：包含字庫（lexicon）、字（詞）義和語義關係運用；⑶語用（pragmatics）：上下文脈絡（context）和語文功能的呈現（楊坤堂，2002）。
6. **評量學習的寫作狀態**：教師可從學生的作文樣本，分析其書寫語文的作文產品、語法、文意層次、字彙和寫字錯誤類型等（楊坤堂，2002）。或透過各種標準化測驗，了解學生的書寫問題，如基本讀寫字綜合測驗（洪儷瑜、張郁雯、陳秀芬、陳慶順、李瑩玓，2003）、國小兒童書寫語文能力診斷測驗（楊坤堂等，2003）等等，可以成為寫作的評估工具，依據學生的能力規劃寫作教學。
7. **組織思考單的應用**：組織思考主要在引導學生組織文章結構，例如引導學生完成寫作的一些「思考單」（organization think sheet）。教導學生建構基模以整理文章結構訊息（見圖 4-4）（劉明松，2001）。
8. **寫作基本技巧教導**：例如進行標點符號以及句法教學等。可設計填詞、寫句子、寫短文等詞句的撰寫，進而依照自己的意思寫出恰當的詞句。例如教導「主詞－動詞－受詞」等基本句型的認識與應用。又如了解字彙和片語如何結合，以及排列次序的文法規則，可提升學生的文章結構能力。

9. **寫作歷程教學**：寫作歷程教學主要在教導學生掌握系統性的寫作技巧，教師利用有組織的教學過程，教導學生寫作，包括主題解釋、構思內容引導、檢視作品等等（楊坤堂，2002；劉明松，2001），其過程包含：

⑴計劃：依文章的性質進行寫作的準備。文章可分為敘述文（narration）、說明文（explanation）、論說文等，教師依文章的性質教導學生進行寫作的準備。例如教導學生寫作敘述文時，可協助學生循序回答敘述文的基本結構問題。如場景（諸如人物、時間和地點）是什麼？主要人物遭遇到什麼問題？如何反應？反應的結果如何？事件的結局是什麼？藉由問題計劃組織文章的架構；又如寫作說明文時，可協助學生循序回答說明文的基本結構問題。如要說明的主題是什麼？說明的步驟是什麼？說明的主題或內容出現的先後次序是什麼？並可配合組織思考單組織文章結構（如圖 4-4）。

⑵草稿：進行文章概要內容的擬稿，可以段落重點為方法或以錄音起草，成為寫作草稿，再將草稿內容轉寫成文字稿。

⑶編輯與修改：教師指導學生省思文章敘寫得清楚嗎？判斷所提取的資料能否達到目前的寫作目的。需要再敘寫哪些內容？文章有沒有需要修改

說明
㈠要說明哪些內容？
㈡事件發生之順序如何？
　首先是：
　然後是：
　然後是：
　然後是：
　最後是：
㈢線索提示（clues）：
　1. 誰做此事：
　2. 所需事物：
　3. 如何去做：

圖 4-4　組織思考單

資料來源：劉明松（2001）。

調整的地方？教師並教導學生修改與潤飾文章。教師也可用檢核表引導學生做整體的檢核（如表 4-7）。

課程範例

書寫語文學習障礙學生的教學，亦可從寫字教學和寫作教學兩大類進行探討。

1. 字的書寫

字詞書寫障礙的補救教學可考慮從運動知覺能力與視知覺能力訓練入手，其中技巧包括：

⑴ 字樣書寫的訓練：對於有寫字扭曲問題的學生，教師應給予寫字訓練，包括教導學生正確握筆、運筆、用紙、寫字。可以格子內連結幾點的方式引導學生在格子內做字畫的延伸（見圖 4-5）。並可透過精密的手指活動進行手功能訓練，例如配合休閒領域，以細格穿線或織毛衣活動訓練學生手指精細動作等等。

⑵ 顏色標記：例如學生書寫字詞可能有漏筆畫的現象，則要求學生予以紅色

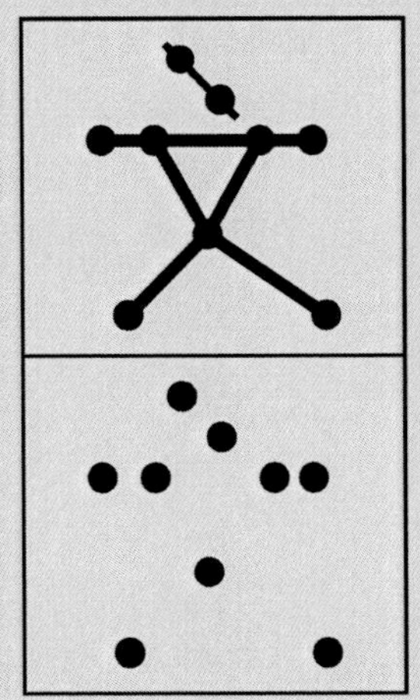

圖 4-5 以點訓練學生寫字

筆畫特別註記強調。又如將「紅綠燈」寫成「綠紅燈」的學生，則要求他將紅特別用紅色書寫，藉由紅色出現的位置加強記憶。

(3) 組字規則教學：例如以口訣「豎心旁」、「三點水」、「四點火」強化學生對字的認識，而熟悉組字規則有助於改正部件錯置的情形，或以象形、指事、會意、形聲、轉注、假借等中國造字六書規則教導學生學習生字。例如分析字的結構與字義的關係，即「會意字」的指導，像是「問」字是有人迷路了而上人家的門以口問路。

(4) 仿寫技巧訓練：抄寫功課時，一再需要對照原文，致使字的書寫出現很大的困難，則應教導仿寫的技巧。例如以口訣做抄寫的輔助，如抄寫「始」字時，請學生一邊抄寫一邊念出「一個女生站在台上」。

2. 文章的書寫

(1) 寫日記：

①請學生將欲表達的生活事件以口述方式呈現，並錄音，成為日記的草稿。

②學生過去寫作作品進行分析，了解學生在寫字、字句長度或句型寫作的問題，並製作檢核表，引導學生依檢核表思考自己書寫內容中錯誤或可以調整的部分。

(2) 詞句組織練習：請學生以各種顏色的紙張作為紙牌書寫句子，例如白紙寫時間（如夜晚）、紅紙寫人物（如母、女）、綠紙寫地點（如十字路口）、黃紙寫事件（如喝珍珠奶茶），然後用遊戲抽牌的方式組成有趣的段落，並在嘗試多次後增加詞句修飾的長度。所以可能會組成「在多事之秋的夜晚、「受到驚嚇的一對母女、「站在車水馬龍的十字路口中間、「喝兩桶珍珠奶茶」。

六書

古人造字的原則共有六項，稱為六書，其中象形、指事、會意、形聲為造字的基本法則，轉注、假借則為造字的補充法則：

1. 象形：是把客觀事物的形體描繪出來成為字，如「日」像一輪紅日。
2. 指事：是指抽象的「事」，在象形的基礎上再加上一個指事符號做標記，如：在線上加一個點兒，表示「上」面 。
3. 會意：是把兩個或以上的象形字組合在一起形成一個新的意思。例如「步」是腳趾朝上的兩隻腳一前一後走路的形象（止＋止）。
4. 形聲：是先取一字表示類屬，再取另一字表示讀音。例如「江」是以水為名，譬其聲為工。
5. 轉注：是以幾個部首相同的同義字互相解釋，例如「老」和「考」即為一對轉注字。
6. 假借：當某個新事物出現之後，在口語裡已經有這個詞，但在筆下卻沒有代表它的字，需要借用和它的名稱聲音相同的字來代表，這就是「假借」。例如「長」本義是「年長」，因「縣長」之「長」讀音與其相同，所以假借之。

第九節　數學課程

本節數學課程主要教學的對象為數學學習困難的學生，以數學學習障礙及輕度智能障礙學生為主。

一、課程綱要之訊息

學習障礙的數學課程並無特定的課程綱要，其課程往往由教師依學生需要進行編擬。

二、課程策略

學障數學和語文課程一樣，學習障礙數學課程也可以就兩個向度進行探討，一為教學內容，一為學習行為指導。其中教學內容分為兩種課程，一為簡化課程，二為教師自編課程。其中簡化課程乃依普通班課本及進度為範本進行編製，依照學生程度將原班課程的內容簡單化，速度放慢進行教學，所適用的為學業成就表現較高的學習障礙學生；而學習行為指導留待第八章進行探討。

教學前首先需要了解數學學習困難的學生所存在的數學學習行為特徵及其中問題所在，以便進一步設計補救教學（Bryant, Bryant, & Hammill, 2000; Geary, Hamson, & Hoard, 2000）。一般而言，學生可能擁有在數學學習上的問題表現包括：

1. **認知學習問題**：學生在取得、處理、儲存及提取資訊之表現具有困難，將影響學習。如果學生缺少應該有的先備技能，則難以有好的學習效益（Hendricson & Kleffner, 2002）。或者學生因為符號認知缺陷，不了解數學符號的意義而影響數學解題。認知學習問題使學生的數學概念難以適當建立，往往使學生的數學學習產生困難。
2. **生理因素**：學生可能因為生理因素而致數學成績不良，例如因為智力限制而影響學習吸收，或因為學習障礙問題使其學習較其他學生需要花費更多精力，也可能因為視知覺不佳，在辨識數字與數學符號有困難等等。
3. **心理因素**：學生可能因為心理因素，而表現低於其應有的數學成就水準。例如過去數學成績不理想而影響對所有數學習題的解題信心。
4. **環境因素**：學生可能因為環境因素而致數學成就落後。例如缺乏適當的環境練習，教師教學技巧不理想，包括教學方法、教材呈現、教學策略、師生互動等等。
5. **學習方法**：數學學習困難的學生可能因為學習方法或讀書習慣不當而影響其學習效率，例如注意力不集中使學生課堂中的學習吸收受限、記憶力不佳導致學生難以記住學習內容或交代的指令、容易受到無關訊息的影響而無法正確運算，或者無法善用學習策略進行有效率的學習等等。另外，許多數學學習困難的學生會因為產生的計算錯誤，而發展出一些不成熟的運算過程及不成熟的策略（Geary, 2004; Geary, Hamson, & Hoard, 2000）。

6. **解題問題**：如 Barkley 強調障礙學生於精神心理方面之問題，會導致學生在學習數學時產生下列問題：(1)無法決定什麼問題需要解決；(2)無法過濾不相關字句以掌握題目重點；(3)無法整合題目中的各項資訊及進一步決定解決方式；(4)無法監控自己的解題歷程；(5)無法察覺外在的回饋或產生自我校正行為（摘自孟瑛如、周育廉、袁媛、吳東光，2001）。
7. **其他科目影響**：最常見的為語文能力不佳使學生在了解或表達數學常用詞彙、解讀關鍵字及解讀題意等具有困難（摘自孟瑛如、吳東光，1999）。這種情形尤其在應用問題上越明顯。

針對這些學習問題，教師應嘗試在數學課程中藉由一些策略引導學生克服。在數學課程的教學技巧包括：

1. **錯誤類型分析**：數學學習障礙的學生可能對某些數學能力表現具有常態的錯誤型態。對於這些學生，教學的第一個步驟就是要有系統地找出學生有問題的數學表現（Riccomini, 2005）。教師需要輔導學生針對這些問題予以特別教導。例如：「5 片餅乾分給 10 個人時，每個人分到幾片餅乾？」學生如果寫成：「10÷5=2」，則可能是學生對除數、被除數間的關係不了解。教師協助學生評估存在的錯誤類型，並在作題前以檢核表提醒自己應注意的事項，可以使學生的學習問題減少（見表 4-8）。
2. **問題解決能力之了解與教導**：教師應了解學生的解題限制，教導學生明確的解題步驟，並協助學生發展類化及自我調節的學習策略（Fuchs, Fuchs, & Prentice, 2004）。而提供機會讓學生自己推演解題歷程，讓他有成就感，可以提升解題的能力，對於數學也會更有感覺（Fuchs, Fuchs, & Prentice,

● 表 4-8　小美的數學錯誤類型檢核表（康軒版三下第六單元除法）

- □ 1. 直式計算時我有將數字正確對齊。
- □ 2. 我的計算過程中九九乘法有正確背出應用。
- □ 3. 我有正確評估各題應用問題是否就是用除法計算。
- □ 4. 我小心地正確地找出除數和被除數。
- □ 5. 我有正確寫出該寫的單位。

2004）。

3. **步驟具體化**：許多學生在數學解題上常因為相關概念模糊，而無法精確寫出答案。教師可引導學生將解題步驟具體化，同時利用褪除方式引導學生內化解題技巧。例如一開始將解題步驟呈現在可看到處（如黑板側邊或作業角落）引導學生解題，允許學生一邊對照解題步驟一邊進行解題，而後將每一步驟以較精簡的言語做提示，最後如果確定學生已會將解題步驟內化，便將步驟的提示去除。
4. **閱讀問題的檢視**：閱讀能力將影響學生的數學應用問題解題。一般而言，兼有數學及閱讀障礙的學生比單純數學障礙或單純閱讀障礙學生所擁有的數學解題問題更多，這些學生需要的補救教學也更多（Fuchs, Fuchs, & Prentice, 2004）。
5. **數字教導**：數字教學要學生能夠了解和運用數學概念（Riccomini, 2005）。而對於數字的呈現可運用語言（例如讀出九十六）及字形（例如阿拉伯數字 96）同時呈現，增加學生的印象。
6. **數概念的教導**：透過師生、同儕的互動，教導學生從日常生活中發展數的概念，則學習障礙的情形能獲得改善。尤其數學學習困難學生的學習應特別強調生活化，讓學生有學以致用的感受及解題的興趣。應用問題可以設計成學生生活經驗中的實際問題。例如以聽周杰倫及蔡依林的演唱會購票，教導學生二元一次方程式的應用（見第五章），或尋找一些有趣話題引發學生解題動機。

解聯立方程式

大學生＝睡覺＋談戀愛＋讀書＋吃——⑴

豬＝睡覺＋吃——⑵

⑴－⑵：大學生－豬＝談戀愛＋讀書

大學生－談戀愛－讀書＝豬

即：不談戀愛又不讀書的大學生＝豬　　（摘自網路）

7. **與相關理論的結合**：許多理論在數學的教學上有相當不錯的應用助益，例如編序教學法、建構教學法或自我指導法等等（請見第五章）。
8. **建立信心**：學習困難學生常常在解題的自信心較為缺乏。教師應該製造一些建立學生自信心的情境。例如在作業單上的名字處以「最有潛力的人的名字是：○○○」增加學生的信心；又如降低難度或引導解題步驟的提示，製造學生成功解題的經驗。

課程範例

1. 等差數列概念教導：將等差數列相關概念名詞及其解釋寫在黑板角落，包括數列、等差數列、公差及其公式，教師反覆舉例說明該些概念。並請學生將該些重要詞彙寫在個人的「武功祕笈」內，在剛開始練習時允許學生核對武功祕笈內的詞彙作答。

2. 四則運算應用問題：

(1) 評估學生在四則運算之解題問題，製成錯誤類型檢核表，學生在解題前先針對問題進行檢閱，提示學生避開常出現的解題問題。

(2) 將解題步驟具體化，並請學生將之寫在個人的「武功祕笈」內：①找關鍵字；②決定算法——使用＋、－、×還是÷；③小心地運算；④寫答案；⑤驗算。

第十節　性教育

大部分的障礙學生和普通班學生一樣，性生理需求隨著年齡成長而發育，而性心理卻未成熟，性知識又普遍不足，致使出現許多性行為的相關問題，因此性教育便更形重要，也成為各類身心障礙教育中常被提醒正視的主題。其中智能障礙較重度的青少年自主性較差，自尊心也較低，同時由於判斷力和克制力薄弱，容易產生不當的性衝動表現。以至於智能障礙程度越嚴重，教育的內容便越著重在基本生理常識。

一、課程綱要之訊息

性教育適合實施的領域科目，以生活教育與社會適應為佳。教育部所編訂國民教育階段啟智學校（班）課程綱要主要在生活教育領域中，兩性教育之下，列出生理表徵、衛生保健及兩性交往之細目（教育部，1997）。高中職教育階段智能障礙類課程綱要，則在性教育綱目下分為四個項目，即：性生理的發展與保健、兩性的交往、婚姻生活，以及性安全防衛。

二、課程策略

1. **考量個別需求**：性教育須配合學生不同的需求，例如如果學生有自慰的行為，則應該教他自慰的相關事項，如注意衛生、隱私及善後清潔的工作。而同學若有自慰行為出現或對其他同學造成騷擾，則宜以個別晤談的方式進行適當的輔導。
2. **引導從事廣泛的活動**：培養廣泛的興趣，多參與活動可減少同學過度將精力集中在性行為上，如打球、慢跑等消耗體力的活動。同時在上課時安排有趣的活動，同學若能在上課時專心聽講，常可減少課堂出現自慰行為。
3. **行為治療**：以增強及逐步養成等策略進行行為改變，但應避免以「過度矯正」或處罰的方式嚇阻學生，以免學生對性產生不當的罪惡心理，而影響其日後相關行為表現。
4. **性別差異教學**：性教育在某些特定的主題上，如月經的處理、夢遺的發生等，雖然男女有別，但在教學上可經由講解讓彼此體會不同性別各有不同的問題，而能更加體恤對方，使兩性能和平共處相互合作（張昇鵬，2002b）。
5. **多樣的活動安排**：性教育活動方式應多樣性，例如布偶教學、示範、錄影帶觀賞、情境模擬、角色扮演、討論性病預防手冊、故事討論、實例報導與討論、蒐集醫療資訊等（杜正治，2000）。至於其形式，則可以個別晤談、小團體、班級或隨機教學輔導形式進行。
6. **書籍資源**：坊間有許多書籍是不錯的教材，如高寶出版社的「漫畫性教育套書」，內容包括《奇妙的身體》、《正確的性知識》、《女生想知道的》、《男生小心你們的小弟弟》四本漫畫書；幼獅文化出版的《父母不敢問孩子不會說》；世一出版社的《Why？青春期的第一堂性教育》；而維京出版社的《我的小雞雞》以及性林出版社的《小孩一看就懂的 12 堂性教育》繪本等等，對於性教育皆是很好的知識引導。或可藉由一些講述動植物成長的書籍，引導學生對自己生理成長變化的認識。

7. **媒體資源**：除了性教育書籍繪本外，教師可善用各種媒體資源使教學有更好的媒介，例如多媒體光碟、錄影帶、報章事件等。
8. **家長資源**：從家長方面取得學生平常在家的性行為相關資訊，包括性態度，曾否與子女談及月經等等，爭取家長對學校性教育的支持，並配合在家裡隨機給予適當的性教育。
9. **各階段教育方向**：性教育本質是一種人格教育或人生教育。小學階段，在範圍上應涵蓋生活的各個層面。課程內容著重於認識身體各器官及功能、成長的變化、男生與女生的不同、建立同儕間的友誼等；國中階段則著重在認識男女生理之成長變化、兩性交往、懷孕與生育等。在較隱私的性行為方面，國中小學生應依學生的行為問題以隨機教學為主；高中職階段由於學生的生理已近成熟，性的問題隨著年齡的增加而增多，則應安排固定的時間實施性教育（張昇鵬，2002a）。
10. **課程內容**：性教育可約略分為下列內容實施（何華國，1987；杜正治，2000；胡雅各，2003；張昇鵬，2002a，2002b；許家璇、楊彩雲，2002；鈕文英，2003；黃俊憲，2002）：
    (1)生理成長：生殖器官的機能與變化，包括遺傳與優生的基本觀念、了解自己的發育及性生理知識。
    (2)社會行為：討論個人、家庭、社會的密切關係，包括社會規範、愛的意義、婚姻觀念的建立、兩性心理差異、性別角色之認識與學習等等。
    (3)心理健康：面對性需求的心理表現，包括排除對性不必要的隱憂、維持健康性態度等。
    (4)安全防衛：有關性事件的安全防衛知識，包括保護自己、性的衛生知識、性病認識、盥洗方法、與異性交往之道、性問題諮詢途徑、遭受性侵犯時的處理、與生育有關的知識、避孕方法等。

⑸性行為：有關性行為的認知，包括可公開或隱藏之行為、性行為知識、性關係的責任等。

課程範例

1. **愛的意義**：藉由故事說明愛與迷戀的不同，透過討論引導學生體認愛的真諦及應有的態度，包括關懷、尊重等。
2. **性侵犯的應對**：藉由社會新聞事件，與學生討論性侵犯的意思、性侵犯的問題及面對的刑事責任。並引導學生認知當受到性侵犯時可採取的行動、應該有的態度及可尋求的資源。
3. **性行為知識**：了解性行為相關名詞的定義，如性交、勃起、射精、避孕等，並討論不當性行為可能出現的後果及性行為應有的準備與保護。
4. **性的隱私行為**：了解性的隱私行為是對他人的尊重及對自己的保護，並教導何謂隱私及隱私行為的適當地點及衛生問題。

第十一節　情緒行為輔導

情緒行為輔導課程主要教學對象包括嚴重情緒障礙學生、自閉症學生、過動症學生及重度智能障礙學生等等。此外，其他具有情緒困擾的學生亦應予以教導。一般而言，障礙程度越嚴重，行為問題常越嚴重，就越需要安排情緒行為的課程。

一、課程綱要之訊息

情緒行為輔導是附隨在各個課程中執行，或獨立在課程外的輔導方案。在課程綱要中並未獨立領域。如果要規劃特別技巧課程，則可在生活教育領域中之心理健康，或社會適應領域中之社交技能中執行。

二、課程策略

智能障礙學生，因為學到行為問題是滿足基本需要最有效的手段，常常成為學生表達需求的語言，行為問題往往是經由「錯誤的學習」而出現，不是學生「故意」找麻煩。在教學策略上可以如下安排：

1. **功能性評量**：藉由功能性評量，評量哪些情況下，行為問題出現比例較高，進而擬定應對策略。例如發現學生因為無法表達喝水的需求而出現攻擊行為，則教導學生以圖卡溝通喝水的需求。
2. **行為改變技術**：利用增強策略或行為契約調整個案之情緒行為問題，善用學生的優勢能力或良好表現，引導其正向情緒行為的表現。
3. **情境安排**：在教學上教師依學生的不同問題與不同需求安排適當的情境。例如對於低功能的自閉症學生，結構化的教學情境對於學生的行為控制十分有效；單純的教室情境可以安定過動與分心障礙學生的學習行為；設計能夠引起學生投入的活動，以減少學生自我傷害行為發生的次數；而當學生開始躁動或好動時，可以用轉移情境的方法，減弱其不當行為。
4. **藥物醫療法**：許多藥物對於情緒障礙學生的行為問題有相當正向的助益，例如利他能可用以緩和學生的過動行為，又如作用在多巴胺與血清素的抗精神病藥物理斯必妥（Rispertal），可以減緩精神疾病的幻聽幻覺問題等。
5. **食物治療法**：以控制飲食的方式減少學生的情緒行為問題，其中常運用的

行為問題

就讀特殊學校的小晴常常在自己的手臂吐口水並抹一抹，也對他喜歡的人吐口水。經由功能性評量發現只要天氣熱他就吐口水，並了解原來他是想要藉由水來降熱氣，並願意「施惠」給喜歡的人。於是教導他正確的調整方案——天氣熱就以溼毛巾擦拭。該生行為問題因此消失。

方法包括排除食物中的人工添加物，及如巧克力、汽水等刺激性較高的食物。

6. **理論的運用**：許多理論對於情緒問題的處理有不錯的效果，例如自我指導法、認知治療法等等。而合作學習的運用除了可以增進學生之認知學習外，還可以藉由合作學習的過程增進學生與其他同學互動及溝通的機會，並從中學習欣賞與表現的能力（見第七章）。

7. **生物回饋法**：係教導個體控制外顯行為或內在生物過程的方法，將個體相關的生理狀況藉由電子儀器回饋給學生，使學生藉由回饋訊息給自己控制自己的行為問題。然而由於這種方法需要電子儀器設備，因此得藉由專業心理人員的協助，方可以此方法療育學生的行為問題。

教學範例

1. 情緒表現

(1) 情緒辨識：包括對快樂、難過、生氣、害怕、驚訝等情緒的辨識。可藉由他人的眼睛和嘴巴等表情來判斷情緒，或以實例介紹情緒的表達，例如好朋友見面互相擁抱，表示高興；想要拒絕別人，但是又不好意思說出時，可以搖頭、沉默不語或面露難色來表示；豎起大拇指或拍拍對方的肩膀，以稱許或是讚美他人的表現；眉頭深鎖，表示有心事或是心情不好（鄭瑋寧，2004）。預測影片中人物的想法和感覺，使用討論及一問一答的方式來教導學生思考情緒行為表現。

(2) 情境辨認：引導學生了解某些情境可能引起的情緒反應，例如收到禮物時會快樂、遇到危險時會害怕等等。並藉由雅虎網站之新聞事件討論學生的情緒感受（包括新奇、溫馨、誇張、難過、實用、高興、無聊、生氣），點選該網站之心情投票，取得統計資料，並討論不同投票者之態度及想法。

(3) 人際互動：引導學生體會人際互動可能導致他人的情緒行為反應，例如聽到他人責罵自己的時候會難過或哭、付予關心會得到別人的信任等等。可以運用角色扮演的方式來引導學生體會及模擬適當的情緒行為表現，也可以掌握生活中的實際情況引導學生適當的人際行為表現。例如同學生病了寫早日康復卡、生日時祝賀他生日快樂、有人傷心時予以安慰等。

(4) 情緒調整：教導學生遇到不如意事時可以調整的情緒表現。例如緊張時以深呼吸放鬆心情、從信念改變情緒認知、以溝通表達情緒等。

(5) 病識感教學：藉由疾病的認識引導學生覺察自己的情緒行為表現。例如對躁症的個案，引導學生以紙筆檢視自己的表現，提醒自己如果出現哪些問題就即刻請求支援等；又如在學生出現自我傷害時覺察到危險性，而避免繼續出現行為問題。

2. 行為表現

(1) 行為規範：以「異地而處」的情境，引導學生體認行為問題可能帶給他人的干擾，以便進一步控制自己的行為問題。

(2) 檢視行為問題：以自我檢核的方式引導學生思考自己的不當行為，檢視今天或這節課行為問題出現的次數，例如干擾他人或咬手的次數，以自我回饋的方式改變自己的不當行為問題。例如第八章表 8-1 及表 8-2，是針對寫作業時會分心的學生所設計的檢核表。

第十二節　溝通訓練

溝通係指因交換資訊、想法、需求與問題而形成社會性互動的過程。溝通不僅限於符號性（symbolic）溝通，如語言、文字、手語等，亦包含非符號性（nonsymbolic）溝通，如姿勢、面部表情的變化、眼神的傳遞、呀呀學語聲、身體動作等（莊素貞，2002）。溝通的目的不只要使說話者清楚表達，並且能讓他人理解其表達意思（Rodi & Hughes, 2000）。溝通訓練一般包括語言表達、溝通姿態、擴大及替代性溝通（Vonderen, 2004）。其教學對象主要有三類，一為語言障礙學生，包括如唇顎裂生理問題所導致的語言問題表現，及神經系統所出現難以恢復的狀況；二為聽覺障礙學生，因為聽力問題出現語言學習上的問題；三為智能障礙學生，因為認知學習問題而導致的語言表現問題。

一、課程綱要之訊息

溝通訓練課程並無特定的課程綱要，其課程由教師依學生需要進行編擬，常會和語文課程相結合進行教導。

二、課程策略

若學生為非智能障礙者，也沒有語言理解的問題，則強調構音及聲調等發音的準確度；若學生為智能障礙者或部分學習障礙學生，由於認知學習受限及缺乏語言類化能力，較難將所學習的語言類化至其他情境，則重點可放在增加詞彙及情境的應用；如果學生為重度智能障礙者，語用學習有限，或者具有語言生理功能上的限制，如語言神經系統缺陷，則其發音能力已經受限，可將重點放在擴大及替代性溝通的應用，如溝通板、溝通簿、溝通圖卡等等。溝通訓練的教學技巧包括：

1. **擴大及替代性溝通的應用**：擴大及替代性溝通（augmentative and alternative communication, AAC）是指應用輔具或技術補充口語溝通技巧，以達溝通目的，處理日常所需。AAC 的使用必須評估兩項能力，一為動作能力，另一為認知能力（黃志雄，2002；Rodi & Hughes, 2000; Skotko, Koppenhaver, & Erickson, 2004）。形式包括兩種，一為圖像形式溝通：以平面或立體的圖式，教導個案認識每一張圖卡代表的意義，而後成為其表達意思的工具。方便時可以輔具為溝通媒介，而在決定教學內容前最好配合生態評量，決定教學的先後順序；二為肢體形式溝通，主要以身體、表情、手勢等表達意思。AAC 的應用必須是具功能性的溝通內涵。
2. **情境教學**：溝通訓練應該使學生最後能實際應用，因此可嘗試安排學生至各種真實情境中進行溝通的活動，例如至便利商店、郵局、車站、醫院等生活常接觸的場所，學習溝通與提問題。
3. **溝通簿應用**：溝通簿（communication book），是可攜帶的、輕便、便宜的溝通工具，適用於無法以語言表達的各類障礙學生（Rodi & Hughes, 2000）。溝通簿應依學生的認知能力設計深淺不同的溝通內容，對於認知能力較差的學生，則溝通簿的內容不應太複雜，最好經由生態評量後，找出學生最需要或最常使用的溝通內容，再予以製作。

4. **書籍討論**：藉由故事書閱讀、講解、討論互動等，增加學生語彙，提升發音正確、語詞應用的能力，增進障礙學生語言的表達能力（Skotko, Koppenhaver, & Erickson, 2004）。
5. **音素分析**：音素分析幫助學生對類似字彙之發音正確掌握與記憶，並由語音的確認，使學生可以較精確地表達，並進一步理解字義。
6. **自然情境教學法的應用**：掌握自然情境教學法的應用，例如對於學生有興趣或意圖溝通表達的時機，則應該及時掌握（Skotko, Koppenhaver, & Erickson, 2004）。而由於學生語言溝通隨時在發生，因此應與相關人員溝通，規劃在適當的時機給予學生隨機性的矯正與訓練（見第五章）。
7. **各種教學理論的應用**：許多教學理論對於提升學生的語言能力有很大的幫助。除了自然情境教學法外，常包括結構式教學法等等（見第五章）。

課程範例

對話訓練：在教室先對學生進行目的性的對話訓練，例如購票、問路、諮詢等，然後安排學生至捷運站進行真實的購票、至輔導室詢問火車站路線、至醫院諮詢櫃檯問醫院服務時間等。過程中並可以錄音做檢討與問話修飾訓練。

第十三節　定向行動

定向行動為專門對視覺障礙學生之訓練課程，是訓練學生在環境中行動能更充分的掌握與應用。

一、課程綱要之訊息

教育部所頒布視覺障礙類課程綱要內對國小定向行動訂定課程綱要，其訓練重點如表 4-9（教育部，2000b）。

表 4-9　視覺障礙類課程綱要中定向行動訓練重點

定向行動	初級行動訓練	中級行動訓練	高級行動訓練
1. 認知定向行動與日常生活之關係。 2. 培養良好容姿，有效發揮殘存感官功能，奠定良好行動之基礎。 3. 指導學會積極、有效、安全、獨立的行走技能。 4. 培養獨立自主之精神，擴展生活領域，充實生活經驗，增強社會適應能力，促進人格之正常發展。 5. 認識定向行動與社交及職業生活之關係。 6. 充分發揮殘存感官，培養良好定向行動能力，學會安全獨立的戶外行動技能。	1. 加強方向與方位概念，加強感官能力訓練及基本手杖技能。 2. 加強長度距離概念。 3. 加強轉角（彎）度數之正確性及轉角（彎）後步行之導正方法。 4. 街道及各種路口的認識。 5. 社區重要公共場所及街區之認識。 6. 平行、垂直、三角形、圓形、方形、銳角、鈍角、平行四邊形、菱形等在市區環境中之辨識。 7. 利用路標、線索在社區行走。 8. 校園內手杖技能運用，如人行道、邊界線、欄杆、階梯之應用及斜置技能等。 9. 四肢肌肉協調之遊戲。	1. 確定方向、調整技能之應用。 2. 住宅區域或鄉村巷道之行走。 3. 行道之直線行走。 4. 叉路、丁字路、十字路之行走。 5. 地下道與陸橋之行走。 6. 利用聲音定向。 7. 利用觸覺線索定向。 8. 交通規則之說明與在實際環境中之體認。 9. 用地圖與羅盤在住宅區自己行走。	1. 多叉路口及圓環行走。 2. 一般市區行走。 3. 各類車站認識與行走。 4. 會搭乘公共汽車、計程車、火車等交通工具。 5. 上街購物。 6. 認識百貨公司。 7. 認識地方公共設施、圖書館、紀念館等。 8. 參觀工廠。 9. 求助技能與交談禮儀。 10. 在不輔導情況下於熟悉市街行走。 11. 搭乘各類交通工具從甲地至乙地。 12. 依賴地圖在不熟悉環境下行走。 13. 在不熟悉環境下依據地圖搭乘各類交通工具從甲地至乙地。 14. 光學輔視工具之使用。 15. 心理建設。 16. 陌生環境自我適應。 17. 地形地物周遭環境事物之運用。

資料來源：教育部（2000b）。

二、課程策略

視覺障礙學生分為全盲及弱視者，其中弱視學生因為具殘餘視覺，定向行動訓練較為容易，全盲學生之定向行動訓練較為困難。兩者之訓練技巧有所差異。而障礙發生時間對學生的教導也有相當影響：視覺障礙事實若發生在後天，則具有原先經視覺吸收的物理概念，如遠近、大小、色彩等，定向行動較容易訓練；事實若發生在先天，則訓練較為困難。視障學生的教學技巧可就幾方面進行：

1. **了解學生條件**：實施定向行動教學時，應事先調查了解學生的條件，以利各項訓練的實施，例如學生的障礙情形、學生的活動習慣、學生的生活環境特色等等。
2. **特殊教具之製作**：藉由立體地圖、模型等協助學生了解環境空間之特色，進而提升其定向行動能力。
3. **善用各種感官進行定向**：教師應指導視覺障礙學生多利用各種感覺增進其定向行動能力。包括聽覺、嗅覺、觸覺，以及殘餘視覺。例如藉由各種感覺辨別室外和室內的差異等。

課程範例

1. **方位訓練**：先教導學生了解指針時鐘之構造，再教導學生以自己為中心做時鐘的中心點，建立點鐘方位。並以實物放置不同方位之一公尺遠距離，告知學生物品的位置請學生前進取物，作為方位辨認之成果。而後再加大距離，做更遠更精緻之訓練。
2. **走直線訓練**：訓練學生走直線之能力，並予以精確的回饋。例如學生走一段距離後，再回饋學生直走應該在的正確位置。訓練時並以一步、五步、十步等漸進方式訓練學生直線行走。
3. **取食訓練**：訓練學生了解餐桌上食物擺放位置，提供距離及方向資料，訓練學生正確取到想取用的食物。訓練時可先以一般物體訓練學生對位置的掌握，等位置感精確後再以食物訓練。

4. **聲音定向**：在學生的周遭發出各種聲音，請學生辨認聲源方位，並可加入聲源種類及距離的辨識。如判斷誰的聲音、樂器類別，及評估聲音與學生之距離。

第十四節　點字課程

點字課程主要在教導重度視覺障礙學生，尤其是全盲或將來有可能視力會成為全盲的學生。對於弱視學生，則以放大字體課本教學即可，其教學方式與一般學生相同，但應確定放大之文字是學生可以看得到的大小程度與字體。

一、課程綱要之訊息

點字課程有許多科目，國內教育部出版的包括：國語點字、台語點字、英語點字、日德語點字、數學點字、理化點字、音樂點字、電腦數位點字等（教育部，2000b）。

二、課程策略

點字只是重度視覺障礙學生學習的工具，進行教學時仍要注意相關教學策略的應用，以便學生學得正確的點字運用。

1. **直接教學法應用**：課文教學要用直接教學法，宜多採用實物或舉例、比喻、觸摸、體驗等，配合口語說明，以幫助視覺障礙學生徹底明瞭觀念，學得正確知識。
2. **摸讀教學**：一般而言，先天失明的學生學習點字的能力較後天失明的學生強，唯若先天失明但是觸覺發展不良的學生亦不能有良好的摸讀學習狀態。總之，教師評估試教一段時間後，若學生仍無法學習摸讀，則不應固執於一定要學習點字，可調整改以有聲書進行學習，以免浪費許多學習認知課程的時間。
3. **點字教學原則**：點字教學應同時注意設計生動活潑的課程內容，避免使學生點字學習的過程變成枯燥的活動，而影響學習興趣。

4. **點字摸讀規則**：教學生國字點字應以整字（即三個方）的注音符號進行摸讀學習，即包括聲母、韻母（或結合韻母）及聲符三個方。而數字點字則在數字前會先出現一個代表數字的方，而後出現數字方。

5. **點字教學順序**：點字教學之順序，應把握「摸讀準備」、「點字摸讀」、「點字點寫」之順序。一般而言，先天視覺障礙學生在小學一年級上學期應完成摸讀準備之訓練，下學期應熟悉國語點字之摸讀。

 ⑴摸讀準備：教導學生在摸讀方面有足夠能力，如具有辨別異同、分類、上下左右、圖形概念、正反面、凸平面等能力。在生理肌肉靈巧度、情緒與智力上具有相當的成熟度，方可以有好的摸讀準備學習成果。

 ⑵點字摸讀：教導學生摸讀技能，並指導學生注意正確姿勢指導。如果學生能精熟點字，應加強訓練學生手指快速摸讀動作之培養，以增加其閱讀速度。

 ⑶點字點寫：點字器具有用單手寫之點字板、點字筆及用雙手操作之點字機等，如兩者都能購置，則應先訓練使用點字機，後訓練點字板與點字筆之使用。

課程範例

1. **摸讀準備**：使用較大的點字模型，讓學生了解點字的要素，確認凸凹平的感覺。再以正常一方的大小訓練學生摸讀要領，如以指腹摸讀、正確姿勢之維持、不跳越摸讀等。

2. **點字摸讀**：從單字教導起，再教導詞彙、句子及文章的摸讀。並配合字意同時進行解釋，對於學生摸讀字意結果給予立即性的回饋與修正。

3. **讀書教學**：請學生先概覽全文了解大意，再分析歸納文章性質及各段落大意，先理解文章之內容再記憶。在過程中並適時引導學生扼要陳述內容，以發現學生之學習困難。

點字與方

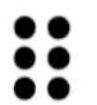

點字的單位為「方」，國內所使用的點字一個方有六個點，左邊由上而下為 1、2、3 點，右邊由上而下為 4、5、6 點。

第十五節　適應體育

適應體育（adapted physical activity）是以多樣化的活動設計，依學生特殊的身體狀況，安排體育課程並調整所使用的設備及環境，使個體感受到身體活動的成功經驗與樂趣，增進其體能活動的適應力，建立自信心，進而促進身心健全發展（王振德，1998），並同時帶來身體復健的功能。除了學習障礙學生之外，由於各類身心障礙學生多少都有體能方面的限制，因此均需適應體育予以評估及設計體育教學內容。

適應體育是「為身心障礙學生個別需求而調整的體育課程與活動」，當身心障礙學生具有生理或心理的限制，需要改變普通體育課程，在了解學生能力上的限制，及考慮學生的興趣之後，針對個別需求協助學生克服身心或發展上的障礙，設計適於學生學習的課程、教學型態與環境。教師也適應學生的個別差異，調整本身的教學態度、方法及教學情境，使得學生享有安全、有成就感且有益處的體育課程（鄒啟蓉，2004；蔡育佑、陳素勤，2001）。

一、課程綱要之訊息

適應體育課程其實就是體育課程，只是為了身心障礙學生需求而調整改變的體育課程。在教育部所頒布各特殊教育學校（班）課程綱要中的體育課程實施。如智能障礙類，則在社會適應領域下。

二、課程策略

適應體育將動作治療與教學活動合而為一，應兼具矯正性（corrective）、發展性（developmental）及修正性（modified）三大功能（汪宜霈、鈕文英，2005），其任務相當多元，包括增進學生體育知識、訓練學生運動技能、指導學生鍛鍊身體、培養學生運動興趣與風度、增進社會人際關係等等，以促進學生身心全面發展、啟發學生運動興趣，建立終生運動習慣，擴大休閒活動層面（黃雪芳、林明宗，2002；蔡育佑、陳素勤，2001；闕月清，2002）。在設計上必須遵守由評量、課程規劃、目標擬訂、課程實施、課程評鑑等特殊教育的實施步驟。課程策略包括：

1. **執行評估**：適應體育課程強調評估（assessment），以了解學生目前能力與問題狀況以及學習上的特殊需要。提供有關評估、計劃與教學的系統化方法。包括了解學生的功能限制、適當的課程內容與形式，及需要的環境與教材等等。在教學過程中並隨時對學生的動作表現進行觀察與記錄，適應體育教師再據以調整訓練內容、環境或動作，藉以使障礙學生進行功能性的身體活動表現和學習。例如對於高度近視或視網膜剝離的視覺障礙學生，應避免安排太過激烈或易碰撞的活動，了解學生障礙的程度、有無光覺、視野是否太小等。做好學生限制的評估，以便設計適當的課程內容（鄭瑋寧，2002）。
2. **調整教學原則**：因應學生的知能狀況與需求改變調整內涵，包含過程（指完成運動項目的動作成分）、成果（指運動成績，例如跑多快、丟多遠等）與變項（實施條件，如器材、規則、指導方式等）（鄒啟蓉，2004）。例如如果學生智能較低，則應盡可能以清楚簡單的指令進行傳達。對於體力有限制的學生，應注意學生的體能表現，運動時間不宜過長。對於視覺障礙學生的場地選擇，盡量以視覺障礙學生已經熟悉的環境為原則，以降低因周邊環境的不確定性，產生恐懼心理之現象（鄭瑋寧，2002；闕月清，2002）；腦性麻痺學生的動作發展遲緩，會影響他們攝取並接受他所需的生理、心理及情緒方面的刺激，則在其動作課程中，須包括大肌肉活動，如球類活動，藉著身體的旋轉或搖動改善其大動作表現（汪宜霈、鈕文英，2005）。

3. **執行教學**：依評估結果設計適應體育課程後執行教學。教學包括對學生動作技能及體適能問題進行輔導，以及指導學生在課餘時間針對特定項目進行練習（蔡育佑、陳素勤，2001）。而在融合的教育環境中推動適應體育，需要不同層次的支持和協助，常用的教學策略包括：協同教學、角色扮演、同儕教學、家長與義工參與、限制班上障礙學生的人數、採發展性活動、發展功能性技巧（汪宜霈、鈕文英，2005）。
4. **工作分析法應用**：依學生的能力及限制，利用工作分析進行動作或活動的分解，使學生在適應體育課程中學得正確的活動技能。
5. **替代方案的運用**：適應體育應兼顧活動的安全性。了解學生之動作限制，並因應學生狀況設計替代方案，安排變通的動作練習，藉以改善其動作表現水準，提升獨立活動能力（如表 4-10）。

表 4-10　適應體育範例課程設計

個案狀況與教育背景	學生為腦性麻痺運動型學生，無法進行蹲姿，上下肢均較無力。
教學目標	增加上下肢肌力，及提升其基本運動技巧。
課程實施單元	打保齡球。
活動的調整	1. 設計站立發球之發球斜坡機，避免以蹲姿運動。 2. 規則調整：發球距離縮短，學生須自行控制發球方向。

乙武洋匡打棒球

為了讓乙武參與打棒球，大家將規則改變：投手丟過來，乙武只要將球夾在腋下轉個圈就算揮棒，而他一揮棒隊友就可以跑。

6. **實施情境**：適應體育應盡可能在普通教育環境中實施，且為了達到與同儕互動的樂趣及社會化的學習，適應體育最好能運用一般學生的活動，符合其生理年齡，不應選擇過於幼稚或無功能性的活動。活動的動作要求、器材調整與輔具或規則皆須予以調整（鄒啟蓉，2004）。

課程範例

1. **跳躍模仿**：利用音樂為媒介，或模仿動物的動作，藉由聽覺及動覺訓練學生的大肢體活動力。例如以三拍子的輕快樂曲，設計屈身揮舉及跳躍的連續動作（林惠芳，2002）。
2. **水上活動**：設計活潑的水上活動，如水中尋寶、水上芭蕾等，藉由水的物理特性訓練學生肌肉鬆弛。主要可訓練肌肉高張力的學生進行肌肉放鬆，提升肌體控制力。
3. **籃球運動**：以視障者專用有聲籃球進行接球投籃的訓練。藉由活動引導視障學生建立空間、方位的概念與運動知覺，以訓練學生適應環境的能力。

第十六節　自我決策

自我決策（self-determination）是指學生有能力及機會為自己的相關事件做選擇及決定的能力。包括：認識自我、評估自我、計畫、行動、經驗結果及學習等等（Malian & Nevin, 2002）。自我決策是身心障礙者具獨立自主能力的重要關鍵，已成為當今特殊教育之重點。障礙者因為有了知識和技能，而能夠有獨立自主的表現，最明顯的是如果他在生活中提問題的次數明顯減少，如：「老師，這個怎麼做？」「媽媽，這個鹽巴要加多少？」那麼其自我決策的能力便已提升。一般而言，任何一種障礙類別及障礙程度的身心障礙者，均應予以教導自我決策技能，並且其相關能力的培養應該越早越好。

研究發現雖然教師覺察到自我決策的重要性，不過常不能也不知如何安排提升障礙者自我決策能力的活動（Palmer, Wehmeyer, Gipson, & Agran, 2004; Test et al., 2004; Wehmeyer, Agran, & Hughes, 2000）。就我國而言，其中常見的教導迷思包括：推託於國情的不行、省麻煩的心態、認為教導對象能力不足、認為自我決策技能不須教導，以及誤會 IEP 會議的參與意義等等。

一、課程綱要之訊息

國內在高中教育階段特殊教育班課程綱要中，社會適應科曾提及自我決策之課程綱要，見表 4-11（教育部，2000a）。

二、課程策略

1. **自我決策的表現限制**：身心障礙者經常不能自主地選擇他們的住處、他們的生涯事業，甚至是個人運用金錢的方式（Jaskulski, Metzler, & Zierman, 1990; Murtaugh & Zetlin, 1990; Sands & Kozleski, 1994; Wehmeyer & Kelchner, 1995; Wehmeyer & Metzler, 1995）。尤其重度障礙者常常有許多限制阻礙

表 4-11　自我決策課程綱要一覽

項目	自我認識及實現	心理能力	自我管理	獨立自主
細目	自我基本資料的認識與描述、自我特徵的認識與描述、自己個性的認識與描述、自己優缺點的認識與描述、自己喜好的認識與描述、自我的覺察。	正向自我效能和結果預測能力的培養、內在控制能力的培養、自我主張和領導能力的培養、目標設定和達成能力的培養。	自我觀察、評價、增強能力的培養、自我教導能力的培養。	決策能力的培養、獨立生活能力的培養、問題解決能力的培養、選擇能力的培養。
活動範例	自我覺察、參與 IEP。	教育目標的設定、教學活動的規劃。	對事件的關心、對事件的評估及調整。	生活技能的養成、對事件的選擇、參與生活事件。

資料來源：本表除活動範例外，其他摘自教育部（2000a）。

他們自我決策的表現，包括：⑴缺乏機會去選擇及控制；⑵出現所做的選擇是否為最佳選擇的衝突存在；⑶缺乏個別化彈性的支持以適當表現需求及喜好；⑷缺乏穩定的障礙者與支持者的關係；⑸父母未表現適當的態度等（劉佩嘉，2004）。這些問題都可能使我們在教導身心障礙者自我決策時造成阻礙。

2. **自我決策課程實施**：自我決策課程應注意三方面：第一，評估學生自我決策表現的適當內容，如要學習什麼技能，或要改變什麼行為；第二，因應學生能力訂定自我決策表現的標準；第三，決定自我決策行為正向或負向後果的內容和數量（鈕文英，2003）。

3. **自我決策的教導向度**：自我決策可以從幾個向度實施：

⑴目標設定及計劃技能訓練：提升學生目標設定及計畫的技能，計劃學生自我決策的學習內容。

⑵以問題思考為中心訓練：指導障礙學生透過描述自己的障礙問題，訓練其自我決策技能（Palmer, Wehmeyer, Gipson, & Agran, 2004）。以問題解決為中心，訓練學生選擇、決策及達成目標以成功解決問題，並且理解自己的優勢技能。學生必須指出問題、思考問題的解決方法、找出解決該問題的阻礙，以及每一個問題的解答等，學生面對問題時，不依賴他人而能自己做選擇，並解決問題或做適當的計畫。

⑶以多向度形式訓練：從多個向度，協助學生發展自我決策相關知識和技能，例如自我覺察、決策、目標設定、完成事件（attainment）、選擇、協商（negotiation）、衝突解決（conflict resolution）及思考（reflection）等。教導學生如何學習、提升溝通技能、進行自我調節、自我監控及自我管理。例如對於學生參與IEP前先予以訓練，以便學生參與的會議具有功能（Mason, Field, & Sawilowsky, 2004; Palmer, Wehmeyer, Gipson & Agran, 2004）。

課程範例

一般在教導身心障礙學生自我決策時，並不會安排一節活動特別指明要培養學生的自我決策。而是將自我決策的培養目標鑲入課程活動之中，或在日常生活中養成其具自我決策的人格態度。其例子如下：

1. **教育目標的設定**：如參與IEP而言，教師可以引導學生表達自己覺得哪些問題是他的困擾，進而討論訂定目標，如：「同學都喜歡笑我！」這是覺察的課題，是自我決策的意義之一，可以用來訂定該生的教育目標，可能是：「處理同學嘲笑的行為」，而列入社會適應課的教育目標。
2. **教學活動的規劃**：例如與學生討論：「下個禮拜我們要在教室前面種花，你們想種什麼？」並引導學生分析其中意義，表達自己的想法，則是培養學生分析的自我決策之能力所在。
3. **生活技能的養成**：一位重度智能障礙學生可能會自己決定到 7-11 選擇買一粒包子，而不需要讓正在上班中的母親回來為他料理。此即學生解決問題的技能，促使學生獨立生活能力的養成。
4. **對事件的關心**：例如對於重度障礙學生自我決策表現，並不是在要求他為自己的每一件事做決定，而是要他關心自己的日常事件（Wehmeyer, Agran, & Hughes, 2000）。又如要學生參與IEP會議，即使在會議中學生很少表達意見（教師應盡可能引導學生表達），讓學生有關心自己教育的知覺或習慣，即可掌握其自我決策的意義。
5. **對事件的選擇**：障礙者為自己的大大小小事件做選擇，是自我決策最常見的作法。如為自己的婚姻、升學表達意願，或早餐食用內容形式等。藉由討論或表達能力的訓練將提升學生的自我決策能力。
6. **對事件的評估及調整**：引導學生對自己的作品評價，例如學生煎了一個荷包蛋，教師引導他批判是否太鹹，而於下次實作時做調整等等，這是管控與調整行動的能力；或與學生檢討為什麼他人不喜歡與自己交談，經由學生察覺後，可能是：「講話聲音太小了。」而在未來時放大音量與他人互動，即是自我決策的表現。

7. **參與生活事件**：重度障礙學生自我決策的過程中，往往需要他人的協助，若在這整個過程進行當中，重度障礙學生仍保有控制權，且以最大的程度參與，對自己生活上某些事情能具有影響及主導權，較不依賴他人，即是具有自我決策能力的個體（劉佩嘉，2004）。
8. **自我覺察**：障礙學生覺察自己的任何狀態，如自己穿著的美醜、自己的身體健康狀態、飲食的品質等等，這些動作與習慣均是障礙者覺察後適當自我決策的表現。
9. **溝通**：訓練障礙學生溝通表達的能力，包括自己的想法、感覺，或提出要求等，均是自我決策的表現。例如障礙學生與他人衝突時，訓練學生進行溝通，進而解決衝突問題。
10. **參與教育**：例如參與 IEP 的過程，可以提供幾個有關學生自我決策的表現，包括協助進行目標設定以及自我擁護、自我調整、自我監控的表現。Johnson 和 Sharpe（2000）指出，教師引導學生參與 IEP 的可行方法，包括：與學生討論其目標、邀請學生參與IEP會議、引導在IEP會議中參與討論等等（摘自 Mason, Field, & Sawilowsky, 2004）。

PART 3

技巧篇

技巧篇

第五章

教學理論

許多教學方法被證實能改善學生之學習問題，提升其學習效能。事實上，不同的教學方法，對不同的教學內容及不同學生的學習表現影響程度不一，若一堂課僅仰賴單一教學方法，恐無法滿足教學現場之實際需求。因此教學者應熟悉各教學方法並靈活運用，以便因應學生的能力、需求及學習表現，適時調整運用，使學生學習成效達到最大。本章介紹特殊教育常提及的各種教學方法，並不著墨太多的學術理論，而強調思考如何因應學習情境靈活應用各種教學方法。每節在探討教學論點後，即直接從教師任務及學生任務兩個角度說明教學實施，最後進行評價及舉例說明。

第一節　講述法

講述法（lecture）或稱為講演法（didactic instruction），為最傳統也是應用最多的教學方法（林美玲，2003）。可以說自古私塾體制即以講述法為傳授知識的管道，至今儘管各種教學理論多方發展，仍無法拋棄此一傳統的教學方法。講述法，大部分採口頭講解及對書面資料（如教科書或講義）的闡述。講述教學之所以長久以來廣受教師採用，主要是其進行過程極為簡單、方便，且容易將內容直接傳達給學生。

一、教學實施

(一)教師任務

教師為了使講述法達到功效，應注意幾個要點：

1. **授課內容的呈現**：授課內容須符合學生的學習經驗、背景知識和學習能力，不宜過深，也不應太過簡化。另外，應避免照本宣科，課程的進行不宜只指定學生依照課本輪流朗讀。
2. **講述的言行表現**：教師應適時強調重點，說明重要概念時，可以暫時停頓重複提醒，或以提高音調的方式引起學生注意，並使學生有時間消化課程內容，包括做筆記、畫記或其他思考反應。而講授時動作儀態要自然，不誇張、不輕浮。表情要有親和力，不宜太嚴肅或者毫無表情。
3. **氣氛的營造**：與學生充分互動，保持與學生眼神接觸，使學生有受到注意重視的感受。有時可以運用一些幽默技巧，使上課氣氛良好。
4. **教學媒體的應用**：除口頭講述外，最好能再提供講述大綱或相關的書面資料，如此將有助於學生的聽講、記憶和理解。教師並可兼用教學媒體，如短片、PPT簡報等，使學生更了解教師授課的重點與體會課程含義所在。
5. **配合其他策略**：為了讓學生更了解講授的內容，教師可加入其他教學策略。例如以討論或提問的方式，使教師及學生之間進行意見交換，從互動中了解學生的理解情形，或引導學生提出疑問，並從中澄清觀念。

(二)學生任務

在講述法中，學生主要任務為在課程中專心聽講及做筆記。課程內的角色及任務是被動的，學生主要受到教師課程進行方式的安排做適時的反應，例如參與討論、撰寫作業等等。

二、教學應用

講述法是傳統的教學方法，其優點是直接進入教學主題，可以用經濟的時間與經費成本進行教學，其效益常可以直接反應在學生的學習上。只要調整課程內容，幾乎適合各種障礙類別及程度的學生。但其缺點是較無法全面兼顧團體內個別學生的學習需求，團體中學習表現較優秀及學習能力較弱的學生，在講述法的教學過程中往往較容易受到忽略，而無法滿足其學習需求。

教學舉例

1. 教學主題

翰林版小學社會第三冊第二單元第一課——發現社區的故事。

2. 理論呈現

參閱出版商所提供的教師手冊，了解教師注意事項及教學資源，用以設計教學重點，製作投影片媒體及講義，以學生的認知及起點能力為根基，進行重點講述及社區概念的呈現。

3. 教學與情境安排

講解單元，重點包括：人們聚集的原因、早期社區的產生、影響人們遷居的因素、北投溫泉公共浴場的故事、社區中的人事物、走訪社區六個部分。教學過程中藉由學生事先蒐集的資料進行解釋與討論；另外，並呈現各社區圖片，指導學生將重點記下。

第二節　建構教學法

許多學生雖然能模仿解題或順利完成作業，但只靠死記、硬背，對於定理、概念卻一知半解，導致學習無法遷移、類化。Piaget 和 Montessori 反對對學生做直接的教導，而強調知識為個體主動建構而成，以發展其邏輯基礎能力，建立概念。Vygotsky（1978）以人本主義觀點出發，提出建構教學（constructivist teaching）的論點，主張教學應以學生先前經驗為基礎，挑戰現有認知結構，進行同化和調適。教師應提供社會支援，透過師生、同儕的互動提供學習的鷹架（scaffolding）。以建構主義的觀點，學習的本質乃人類生活中的一種活動，教學必須著重從生活事件中建立概念（林怡君、鈕文英，2001；孟瑛如、吳東光，1999；孟瑛如、周育廉、袁媛、吳東光，2001；黃幸美，

2005）。學校教學若與生活脫節，難以建立概念，將導致學生學習困難，無法學以致用。例如就數學學習而言，Cegelka 和 Berdine（1995）就強調數學教學的主要目的，是將數學的概念及運算應用到日常生活中。建構教學亦強調語言的重要，認為人類藉語言進行思考，將外在行動轉化成語言符號，再於心理進行抽象運作，因而形成概念。

一、教學實施

㈠教師任務

建構教學的基本精神，在於將教師個人所理解的教材知識，透過教學活動，讓學生也能理解與認知。在建構教學法中，教師的角色從傳統的直接傳授知識者，轉變為學生的學習支援者，其教學應注意下列幾點：

1. **具備充分的教材知識**：教師具備充分的教材知識，以便營建學習情境與善用教學方法，而能以學生生活經驗著手建立概念，或直接向學生說明概念與引導學生操作實物。
2. **了解學生起點行為**：欲使學生有效理解學習內容，教師的教學活動設計與進行須考量學生的背景知識，即各教學主題或活動的起點行為（黃幸美，2002），以便因應學生的現況，安排適當的學習活動。
3. **注重學生學習過程**：不但著重學習成果，更重視學習歷程的變化。教師透過布題不斷與學生互動討論，可以請學生說出思考歷程，而教師提出質疑，從師生互動了解學生的認知狀態，以協助學生釐清概念。
4. **進行診斷評量**：教師運用多元評量對學生進行學習評估，了解學生的概念學習狀況。同時診斷教學，注意自己對學生的學習認知情形是否存有誤解（朱建正，2000）；或檢視是否援引不當的教學例子，以免導致學生形成錯誤的概念。
5. **提供生活化的問題情境**：引導學生查驗知識概念在各個日常生活情境的可運用性與功能，例如察覺數學常識與日常活動的連結（黃幸美，2005）。

㈡學生任務

學生學得概念並應用，知識因而逐步提升。

1. **學習概念**：學生在教師目標性的導引下，努力思考，找尋教師期待他發現的概念與答案（黃幸美，2005）。
2. **由生活體驗概念**：學生體驗與概念連結的生活情境，培養能以學理觀點考察周遭事物的習慣，以及觀察問題中的意涵、特性與關係。
3. **同化與調適**：學生思考自己與他人的解題差異，從中更堅固地建立該概念。例如在數學運算的過程中，學生思考並對照解題歷程以便賦予算式符號意義，即進行「同化」；在學習中發現自己的錯誤，重新思考合理的作法調整錯誤，即因為困擾而進行「調適」（林怡君、鈕文英，2001）。

二、教學應用

學生主動的探索而獲得的學習，將遠比被動告知而獲得的學習來得更多、更深入（計惠卿、張杏妃，2001）。建構主義以學生為本位進行輔導，培養學生有效運用知能以解決實際問題的態度與能力。強調由做中學，注重學習歷程而非僅重視學習成果（孟瑛如、吳東光，1999；Vygotsky, 1978）。引導學生將學習主題與生活事件做充分結合，藉著具體事物、生活情境、非形式的表徵，促使學生體認學習的意義，提升學習的興趣，使學生知覺問題的解決，乃其可經驗的現實事件，讓學生建立深刻且較長久的概念（黃幸美，2005）。但是，在現實中往往不容易在教學活動中，掌握建構主義的教學原則。而對於以學生

教學花絮

建構教學法——孩子從日常生活領悟，建立知識

一年級的兒子有一天在洗澡時自言自語地背著從姊姊那裡學來的成語——「火燒眉毛、挑燈夜戰、吃著碗裡、看著鍋裡、摩拳擦掌……耶，都是四個字耶，總共有 4、8、12、16……」於是兒子跑來對我說：「媽媽你知道嗎？4 的乘法背誦要跟 2、3 的不同，4 呢可以用 4、8、12、16、20 然後再從 20 往上加 4、8、12、16、20，所以是 4、8、12、16、20、24、28、32、36……」

認知立場思考的教學，因為要了解學生學習問題，引導學生建立概念，將花費較多的時間精力，往往不被接受，而且容易被忽略（孟瑛如、吳東光，1999）。教師長期習慣於根據教科書授課，為了配合授課進度，教師的教學比較偏重學生能否學到內容與完成解題，以及教學是否趕上進度，使得建構主義學習理論的教學較難推展。

教學舉例

1. 教學主題

二元一次方程式的解題。

2. 理論呈現

與生活結合，建立數學解題概念。

3. 教學與情境安排

利用最近舉辦的幾場演唱會，與學生討論他們的購票計畫，而後列式解題。

小健（用班上同學的名字）昨天買了三張周杰倫演唱會門票，今天又買了兩張蔡依林演唱會門票，總共花了兩千七百元。所以：

3 × 周杰倫演唱會門票票價 + 2 × 蔡依林演唱會門票票價= 2700

「周杰倫演唱會門票票價」及「蔡依林演唱會門票票價」字句太長了，所以我們用 X 代表「周杰倫演唱會門票票價」，用 Y 代表「蔡依林演唱會門票票價」。那麼這個式子就可改寫成「二元一次方程式」：

$2X + 3Y = 2700$

接下來我們再以數字來代換符號：

如果我們知道周杰倫演唱會門票是 600 元，蔡依林的是 500 元，則以 600 來代換 X，以 500 來代換 Y，上式就改寫為：

$2 \times 600 + 3 \times 500 = 1200 + 1500 = 2700$

這個式子等號是成立的。

第三節　編序教學法

編序教學法（programmed instruction, PI）源自於 1920 年代 S. L. Pressey 發明自我測驗教學機（automatic testing machine）。在學習者進行測驗時，若答對題目，則出現下一個題目，給予學習者立即回饋的學習機制（McDonald, Yanchar, & Osguthorpe, 2005）；1950 年代，行為學派學者 B. F. Skinner 發展直線式編序教材，同樣利用教學機引導學習者學習，以操作制約的增強原理促使學生對教材自動反應；1960 年代 P. R. Wendt 及 Cradder 進一步發明分支式教學法，測驗內容因受試者反應的不同而不同，測驗的項目是學習與診斷的資料，使得測驗開始強化適性的功能，也因而發展了編序教學法的精神（Moore & Bedient, 2000）。編序教學法是將學生一連串的個別反應與個別刺激建立正確的聯結，成為一套有系統的學習過程。將教材、教法、學習與評量都融入其中，以符合學生個別化的需求（陳蒂勻，2002）。若班級教學中未能兼顧學生的個別能力差異，則學生的學習效果即受到很大的限制，因此編序教學法的教學論點受到重視。

一、教學實施

(一)教師任務

1. **有組織地編輯教材**：教師必須充分了解教材，依據教學目標選擇、組織和準備教材，了解教學內容應該具備的基礎、分析教材的前後脈絡關係，將教材編製成一系列有組織的、層次分明的順序內容。例如先教導學生一元一次方程式，學生確實學會後，再教導一元二次方程式的概念。
2. **有結構的教學過程**：編序教學法以教師為主導進行積極的結構化教學活動。教師藉由教材引導學生，從簡而繁由淺入深的順序學習，使得學習的過程井然有序。並在教學過程中對課程材料進行有順序的解釋、提示或發問，這些過程就是「編序」。

3. **提供適當的回饋與提示**：在教學進行中，教師對於學生錯誤的反應，提供正確答案以協助學生主動核對結果。且編序教學法注重提示的應用，引導學生做適當的學習吸收，當學生有進步時，則漸漸減少提示，使學生完成學習，並準備進入更深的課程。

㈡學生任務

學生經由循序漸進的教材與教師教學引導，學會單元內容，達到各單元的學習目標。學生在學習過程中必須隨刺激的呈現而反應，反應錯誤者透過回饋與提示調整學習。反應正確者透過增強而保留，準備學習更深的題型。

二、教學應用

編序教材的編製由淺入深，教學是連續漸進的，只要前面的反應正確，便能導致後面反應的正確率提高。且由學生的反應可以立即發現學生學習困難所在，進而隨時輔導，可避免學習問題累積過多而使學習更為艱難，或因學習時的挫敗經驗而降低學習動機。在一般的教學中，如講演、討論或視聽教學迫使每一位學生在同一速度下學習，必然會對部分學生形成「太快」或「太慢」的學習限制。編序教學法依照學生的能力提供個別學習內容與速度，可以充分掌握個別化教學原則。做到適應差異的原理，使學生得以調整其學習速度。

然而編序教材的編製相當繁鎖，而且並非所有的科目都能編成階梯式的題目，例如數學的演算歷程、物理化學的操作實驗等，若勉強採用可能使知識失去系統性，反而學不到事理的整體觀念。而且學生學習速度具有個別差異，如果班上能力程度分布層次多卻要全面顧及每個學生的差異，則編序教學的執行將遇到很大的困擾。

編序教學法採用的教學情境可以是個別教學，也可以是分組教學。編序教學法在國內特殊教育中的應用相當多，例如，在早期時有屏東勝利之家依編序教學法編製「數學科行為目標和個別化教育計畫」，以電腦管理程式編寫 4,000 餘條依易難程度分列的 IEP 目標；台灣師大特教中心也曾依編序教學法編寫「基礎數學編序教材」，內容包括：幾何、集合、範型、量與實測、數、分數等，共 1,378 個單元，128 個數學概念，每一單元內容涵蓋各種深淺程度的教材，教師配合發展的「數學概念評量表」，可評量學生數學能力與概念發展，並據以決定教學起點（王天苗，1986）；而由台南啟智學校編寫，當時省政府教育廳出版的「中度智能不足教育數學」，包括九冊科目，以及一冊基礎能力訓練，內容趣味化、生活化、功能化，每單元前以「數學科個別化教學評量」評估學生在該單元的起點行為。這些課程教材雖然都已過時，但其編序教學的原理與應用，乃特殊教育教師所應該學習的。至今編序教學法的原理對於特殊教育教學的最大支援是：教師對於同一個主題若能具有編序教學的分析能力，則他將能夠針對同一組課堂上的學生進行個別差異的教學。

教學舉例

1. 教學主題

分數加法的計算。

2. 理論呈現

評估學生起點行為，了解學生對擴分及帶分數的概念，依學生起點行為設計教學目標，依教學目標設計學生適當之教學內容、作業內容、互動形式及輔具等。

3. 教學與情境安排

(1) 依學生的程度不同分成高中低三組，分別以三套難易程度不同的教材及作業給同學。一組為分母相同的分數加法，一組為分母不同的分數加法，一組為帶分數的分數加法。

(2) 設計及安排部分紙筆練習題，利用某些同學練習時間，以因應另一些同學需要予以個別指導。

(3) 同儕指導：安排高組同學批閱指導中低組同學之作業，使高組同學更熟悉學習內容，提升後設認知能力。而中低組同學獲得更多練習機會。

第四節　精熟學習法

精熟學習法（mastery learning）是以Skinner操作制約理論為基礎的學習理論，其觀念在1920年代萌芽，於1960年代由幾位學者進一步提出有系統的觀點，如Bloom、Morrison等。Bloom在1968年提出「精熟學習」，認為教學策略須先將一學年或一學期所教的教材分為小單元。每一單元因難易不同，教學時間約一至二週，教學之後加以測驗，以測量學生學習程度（Lee & Kahnweiler, 2000）。並將測驗結果回饋給老師和學生，讓他們了解學生對教材的精熟程度。

精熟學習依事先訂定的標準安排學習活動（Lee & Kahnweiler, 2000），主張每個學生都有學習能力，所不同的只是花費時間多寡而已（Bigge, 1982; Lee & Kahnweiler, 2000）。教師以學生要達成的教學目標為精熟的標準，把教學內容分成較小的學習單元，並進一步編製成各個單元目標，每一個單元目標精熟後，才進入到下一個學習單元（Boggs, Shore, & Shore, 2004）。Morrison把時間當作一個變項，因為學生學習的快慢，實施不同學習速度的個別化教學，達成精熟學習（見圖5-1）。根據診斷結果，調整學生適當的學習內容與進度。

一、教學實施

㈠教師任務（Boggs, Shore, & Shore, 2004）

1. **分析教材**：教師充分分析教材，將教學內容適當分為數個小單元，訂定各個單元學習目標，以便進行接下來的教學。
2. **反覆教學**：教師依所訂定的小單元目標，教導學生，引導學生做充分的練

$$* \text{學習的程度} = f\frac{(\text{實際所花的時間})}{(\text{真正所需的時間})}$$

圖5-1　精熟學習的時間函數概念

習，使學生精熟學習目標。

3. **診斷與評量**：教師藉由多次小測驗，了解學生對學習內容的精熟狀況，以學生絕對的表現標準（和某固定的標準做比較），而非相對標準（與同儕做比較），評定學生是否達到精熟狀況。教師並以測驗實施診斷，提供教學與學習的回饋，其成績通常不列入等第評分之用。為了有充分的評量，教師應編製測驗題庫，以方便持續地進行學生學習的評量。
4. **實施補救教學**：教師藉由診斷評量了解學生精熟狀況，對學習未達精熟的學生設計補救教學，並進行診斷評量，待學生達到精熟後，再學習新的單元。
5. **教材安排**：容易混淆的教材分開教，等待一個觀念凝固後，才教導另一個相近的觀念。例如要等到學生確實學會「陣」字後，才教導學生學「陳」字。
6. **建立適當的期望水準**：引導學生做自我比較，而非與他人進行競爭，並注意比馬龍效應，以免不當期待誤導學生。

(二)學生任務

1. **精熟學習內容**：學生透過教師的示範與講解，以結構性的順序進行單元學習，必須精熟前一單元的學習內容，才能進入次一單元學習。依個別的學習效益，學生所需的學習時間不一，以對教材內容均達到精熟為目標。
2. **發展學習策略**：學生將因為精熟學習課程後，能發展更多的學習策略，以應用在其他更多的學習過程（Lee & Kahnweiler, 2000）。
3. **充分練習**：學生進行充分的練習，不斷複習舊教材，尤其是進階課程，應確實掌握學生對相關知識的熟悉。

二、教學應用

對於特殊學生而言，由於學生能力差異頗大，因此藉由精熟學習法的概念進行補救教學，以達到學生均精熟上課內容，完成學習的目的，是資源教室中常進行的教學方向。例如對於記憶力不佳的學習障礙學生，常利用精熟學習予以教導，使學生熟練一階段後再進階到下一階段。精熟學習有助於學習遷移到相似的情境（Lee & Kahnweiler, 2000）。

然而對於學習效益比較差的學生，在學習上均需要花較多的時間學習，則可能為了使這一單元精熟而延誤下一單元的進度，使得學習效率較差的學生常常一直都在趕進度，則整體而言仍是落後的學生。因此對於學生的整體學習進度仍要適當規劃。例如為了使學生能與普通班的課程進度一致，在資源班常以簡化課程進行教學，學生學習目標的量與難度可因而減低，精熟每一單元目標的學習狀態將得以達成。

教學舉例

1. 教學主題

百位數除以個位數的除法。

2. 理論呈現

學生精熟除法中每一個專有名詞，並確定學生已精熟個位除以個位，以及十位除以個位的算式。

3. 教學與情境安排

以教師自編測驗評量確認學生對前一單元學習的精熟狀態，若學生未達精熟程度，則先設計課程複習除法的基本概念及技能，藉由補救教學使學生達到精熟。當確認學生精熟後方進入原定之單元課程。教導課程概念後，持續以練習題演練並熟悉解題技巧，再以小考確認學生的學習精熟狀況。教師並可利用電腦建立百位數除以個位數的測驗題庫，以便隨時發展試卷，評定學生的學習狀況。

第五節　直接教學法

有關教師教學與學生學習成就的教育論點上，至少有三種不同的觀點，第一種為悲觀主義學派，認為學習的成就乃受到學習者的家庭因素、社經地位及個體的成熟度影響，因此學習能力低下的學生，不管教師再如何努力、調整教學方案，對學生的學習成就仍然無法有很大的助益；第二種為非直接學派觀點，認為學習成就受到學習者的家庭因素、社經地位及個體的成熟度等影響，但是教師可從教學及輔導來增進學生記憶、知動的能力技巧。非直接學派主張教學以學生為中心，教師只是促進學習的引導者，鼓勵學生發表自己的意見，依照自己的興趣選擇所要的探究活動，而非由教師把這些技能知識直接教給學生，諸如 C. R. Rogers（1961）所倡導的學習者中心教學法、Bruner（1971）所倡導的發現式教學法、合作學習教學法、Brown（1987）所倡導的交互教學法、Meichenbaum（1977）所倡導的自我指導（self-instruction）教學策略等等（李咏吟，1985；潘裕豐，1998）；第三種為直接學派，認為教師須為學生的學習成就負所有的責任。

直接教學法（direct instruction, DI，或稱指導教學法），也被稱為明確教學法（explicit teaching）（林美玲，2003；張春興，1996），即是依直接學派的理論發展而來，根據行為分析理論（behavior analysis theory）發展其論點，以教師為導向，認為教師須為學生的學習成就負所有的責任，學生的學習成就若不理想，乃因為教師的教學能力不良（楊坤堂，1999；盧台華，1985；Lerner, 2000），例如未能分析教材、未對學生的學習狀況進行診斷分析、未擁有良好的教學技術，及未適時進行補救教學等。因此只有不會教的老師，沒有不會學的學生。

一、教學實施

直接教學法認為教學的主體是教師，教師控制自己的教學效率，並且清楚要教些什麼，而學生將學到些什麼。直接教學法是直接針對學科內容教學，第一個目標就是讓學生精熟學習。當老師一直持續教不同的新知識時，學生對舊知識尚未熟練，就會造成知識和知識之間存在漏洞，漏洞沒有彌補，則無法再循序漸進至較深的學習（盧台華、王瓊珠譯，1999）。因此直接教學的過程需要嚴謹執行。

(一)教師任務

1. **編製與呈現教材**：教師高結構化地呈現教材，提供系統層次分明的編序教材和順暢的教學步調，運用最經濟、有效的方法提高學生的學習動機與成效（洪美鈴，2000）。

2. **執行診斷與評量**：評估學生所具有的先備技能，亦即目前的成就水準，以便由此起點行為開始教導。且以形成性評量持續監控學生的學習狀況，了解學生是否已習得該項課程，並同時評定直接教學法的效果。
3. **小步驟教學過程**：確認學習目標，分析達成學習目標所需的行為步驟，而後以小步驟呈現教材。在教學活動安排上，每節課的教學包含各種不同的活動，每項活動時間不超過 15 分鐘，使學生維持最良好的注意力狀態，進行有效的學習。老師要把時間控制得很好，並配合結構化的時間表讓學生知道每個時段內的任務。
4. **教導基本概念**：提供充分的例子，詳盡地說明學習內容中不能再簡化的概念，用正確且一致的方式來傳達概念所呈現歸納性的規則，並運用正負例來解釋概念，其中正例必須比負例多，使學生精準地學到基本概念（楊坤堂，1999；潘裕豐，1998）。且每次僅教導一種新概念，其餘為練習與複習的活動，將重要的概念確實傳達給學生。
5. **教室情境**：教室的布置整體上看來要明亮活潑而不令人眼花撩亂，隨著單元的主題更換教室情境。例如壁報欄裡配合教學單元設計教學相關圖片或實物標本等（范長華，1988）。
6. **製作教具**：教學過程善用實物、圖片和字卡，以增進學生的學習效益。且教具內容應有啟發性，設計必須鮮明醒目筆觸活潑，讓學生一目瞭然，印象深刻。如果呈現的資料密密麻麻將降低教具的功能。
7. **運用教學策略**：教師運用多元之教學策略提升學生的學習效果，包括講述技巧、引起動機、教材呈現、師生互動、時間控制、增強制度、齊聲反應、工作分析、實例練習、作業檢查、向學生說明課堂學習目標、複習安排等（Mills, Cole, Jenkins, & Dale, 2002）。其中齊聲反應是老師說一次由學生齊聲回答，老師再說一次由學生再齊聲回答。齊聲反應可以讓一些本來很害羞、不願意回答的學生在齊聲的狀況下自然地進行練習。
8. **掌握師生互動**：為了適時糾正學生的錯誤，要注意學生的反應，一旦發現學生有錯誤立即停頓，了解分析學生的錯誤所在，適時示範，並在一段時間後進行再次測驗（盧台華、王瓊珠譯，1999）。學生和老師的互動是直接的，包括老師引導教學、監督課堂作業、安排練習活動等（邵淑華，1996；潘裕豐，1998）。

9. **檢討教學**：若學生學習成效不理想，教師要檢討教學過程，重新檢示教學設計或教學技巧，而不是責怪學生。

(二)學生任務

不論學生的認知特質為何，皆具有學習的可能性，能力差者應花更多時間進行學習。學生透過教師的示範與講解，以結構性的順序學習，經由充分練習而能精熟學習內容。

二、教學應用

直接教學法非常重視提供學生歸納性的規則，於學習支持系統中，引導學生進行充分的練習和複習，是一個很有結構的教學過程。其學習內容明確直接，可以將課程重點配合結構化的教學流程及時間表，很明確地傳授給學生，相當適用於學習內容明確、清楚、有系統的學科，對於不容易久記訊息、容易混淆訊息、注意力不集中，以及認知功能低下的特殊學生學習相當有效，尤其在同質性高的小組內教學將能有更好的效果（盧台華、王瓊珠譯，1999）。

但由於特殊學生的學習特性、認知方式、學習動機等有相當大的個別差異，以學生為中心的教學方式對特殊學生而言，在實施上有著許多困難和缺失（潘裕豐，1998）。又因為直接教學法太過於著重每一步驟的執行，因此若應用在程度差異大的團體班級上，可能無法顧及學生的個別需求，將影響部分學生的學習效益。另外，直接教學法被視為是填鴨式的教學形式，對於組織較為鬆散和高層次思考的學科並不適合，對於領悟力高的學生而言，直接教學法反而會抹殺其進階學習的機會。且此教學法使教師教學較制式，影響了老師在教學上的創造力表現。

在成果上，一般認為學生的學習成效，實非教師所能完全控制，乃受到家庭因素、社經地位及學生本身素質、成熟度等等造成之影響（盧台華，1985）。因此部分學者及教師仍相信直接教學法之功效有其一定的限制。

教學舉例

1. 教學主題

寫信封住址。

2. 理論呈現

首先確認學生關於寫信封住址的數個學習目標，設計達成學習目標所進行的活動，而後工作分析各活動之行為步驟。其次進行教學，每次只針對一個目標進行教學，給予學生明確指導及充分練習，並根據學生學習評量結果，評估教學成效調整教學。

3. 教學與情境安排

以各種教學策略教導所分析的小步驟內容，包括：⑴以齊聲反應及顏色鮮明的字卡，強化教學主題及相關名詞，如「地址」、「寄件人」、「收件人」、「郵遞區號」等等；⑵反覆問答以確認學生對重要概念的學習狀況，在發現學生錯誤反應時，立即予以修正，連續答對三次才通過；⑶製作信封海報於教室壁報欄，讓學生熟悉信封之模樣。

第六節　自我指導法

認知行為學派強調在刺激與反應之間並不是存在一定的規則關係，這之間有一個重要的仲介因素是個體的認知模式。Meichenbaum所提倡的自我指導訓練是依認知行為學派的理論發展而來，認為個體的認知模式是個人行為表現的重要決定因素，而個人的內在語言（self-verbalization），或說是內在對話（internal dialogue），是個體對自己所說的話，是一個說及聽的過程。與他人對他的談話一樣會影響個人的行動、感受以及對行為結果的評估（Meichenbaum & Goodman, 1971; While & Synder, 1979）。因此個人的不適應行為源自於認知缺陷或不當的內在自我語言。例如一位口吃的學生可能存在「我就是無法把話說得順暢」的想法，而使口吃的狀況更加嚴重。自我指導策略協助受試者透過適當語言媒介，運用正向的自我語言及自我增強等技術，改變或影響自我的認知結構。由教導者的自我陳述（self-statement）做認知示範（cognitive modeling），使學生將其注意力集中於所欲學習的技能上，達到駕馭自己行為，促進學習的效果（Campbell, 1986）。

Meichenbaum 將自我指導訓練分為五個步驟（江素鳳，1997）：

1. **認知示範**：教師示範自我指導訓練的過程。
2. **外在導引**：學生在教師的語言指示下，同步進行相同的實作內容及程序。
3. **外顯的自我引導（overt self-guidance）**：學生在進行實作過程中，大聲地說出實作內容與程序。
4. **逐漸去除外顯的自我引導**：學生低聲地對自己進行語言指示。
5. **內隱的自我引導（covert self-guidance）**：學生在動作行為表現中，同時以內在的自我語言引導自己思考及行動。

一、教學實施

(一)教師任務

1. **建立師生關係**：在開始進行訓練時，教師與學生發展合作及信任關係，對學生分析說明自我指導的意義與利益及其中的技巧，與學生共同討論訓練流程（While & Synder, 1979）。在教與學習的過程中，教師逐漸減少主導教學的角色，而由學生加強其學習的責任。
2. **將問題概念化**：教師藉由將問題概念化，發展行為目標，並以此避免雙方對問題的認定不一致。而後將解題步驟具體化，以自我指導策略引導學生解題技巧。
3. **檢視並調整學生的內在語言**：檢視學生的內在語言，改變學生不當的自我對話，教導學生產生積極正向之自我語言，以進一步改變不當行為及維持適當行為。
4. **執行工作分析**：自我指導訓練利用工作分析，列出達到目標行為前各階段所須具備的行為及能力。使學生學習任何技能前，先分段學習較簡單的行為，依序漸進。因此，教師必須熟悉工作分析的步驟。

5. **精確呈現教學步驟**：每一個指令宜確實傳達給學生，例如教加法的計算機應用應確實知道學生已知「+」鍵的位置，不能以老師單方面認為學生應該一講就會，而未做確認。
6. **事件處理原則**：教師引導學生一次只處理一個事件，完成後才處理另一個事件，以免使學生的學習複雜化（While & Snyder, 1979）。例如學生同時有焦慮上台和解題問題時，教師可能先引導學生處理焦慮問題，再進行解題。

㈡學生任務

1. **語言問題的調整**：學生語言成為行為自我監控及調整的仲介，以明確的語言內容呈現問題、可能的解決方法及注意策略（Lancioni, O'Reilly, & Oliva, 2001）。運用正向的自我語言及自我增強等技術，促使改變或影響學生自我的認知結構，以駕馭自己行為或促進學習效果。
2. **學得自我指導策略技巧**：學生學得自我指導策略，引導自己擁有正向的學習行為，包括具體正確的解題步驟、矯正自我行為等等，並因學得策略的應用而有更好的正向行為表現。
3. **進行認知模仿**：教師是學生解決問題的重要楷模，學生模仿教師所示範問題解決的自我陳述，進而學得以自我指導策略解決問題（Campbell, 1986）。

二、教學應用

許多實驗研究證實自我教導策略使學生有良好的學得、維持及遷移目標行為的效果（Browder & Minarovic, 2000），包括在學習方面，如不專注行為、減低考試焦慮、增進學業成績、問題解決的能力及學習態度等；對精神控制方面，如對害怕公開演說者或對精神分裂患者之輔導等；對情緒問題方面：如生氣、壓力因應等；對問題行為方面，如對衝動行為、藥物濫用、攻擊他人、偷竊破壞公物、無法為自己的表現負責等；及其他方面，如社交能力不佳等（洪榮照，1991；Corey, 1986; While & Synder, 1979; Whitman, 1987）。在應用上，自我指導策略訓練可運用模仿、行為演練、角色扮演等方式來教導，並利用錄影帶、卡通書籍等教具訓練學生相關技能。

自我指導策略在於使學生有能力使用語言作為仲介，但未必能夠使他實際去執行或者產生動機（Campbell, 1986）。因此教師須另外設計方案提升學生表現動機。且此策略的使用與個人認知監控有很大的關聯，因此較不適用教導中重度智能障礙學生。但是仍有學者認為可以藉由圖片設計，使智能障礙學生進行自我控制（Browder & Minarovic, 2000）。

教學舉例

1. 教學主題

輪椅行進訓練。

2. 理論呈現

利用自我指導策略教導學生自我控制輪椅行進的能力，以外顯自我語言轉為內隱自我語言學得技能，並利用工作分析，使推動輪椅前進的每一個步驟均能精緻呈現。其中以教師示範成為學生自我指導訓練過程中的模仿標的。

3. 教學與情境安排

(1) 教師將自我指導策略原理及技巧教給學生，指導學生學得相關技能。

(2) 教師將輪椅操作技巧進行工作分析，並設計自我語言：

①「我要怎樣才可以從公園這邊經人行道走到那幢建築物那兒？

②「我必須把輪椅推到人行道的斜邊再推上人行道，然後推到那幢建築物的入口。

③「把輪椅推上人行道上是沒問題的，現在我必須小心地把輪椅推上坡度。「好了，我已經把前輪推上去了，現在我必須再把後輪推上去。

④「哦，沒有做好。我需要很用力地再試一次。

⑤「嗯，好了。我已經把輪椅推到人行道上。很棒，我做到了。」

(3) 學生在教師的語言指導下進行練習，教師對於其練習給予回饋。

(4) 學生依教師示範進行外顯的自我引導，轉而為內在的自我引導。

第七節　問題解決策略

在生活上我們常遇到許多問題，包括課業學習上的解題問題，及日常生活上所遇到的生活問題。不管是學科問題或生活情境問題，是否能善用問題解決策略，是個人生活適應與否的重要決定因素。問題解決策略受到 Deway 的影響而被系統化地討論（Kolb & Stuart, 2005）。1960 年代以後更由於認知心理學的興起，在教育上探討問題解決的議題，開始重視數學解題的教學活動。十九世紀初，正值行為主義盛行的時候，一般教育強調機械式能力的培養，但是其學習效益受到質疑，而再度提出問題解決策略教導的主張。1980 年美國數學教師協會（National Council of Teachers of Mathematics）強調，「問題解決是 1980 年代數學教學的重心」，但是問題解決卻是數學學習困難學生最常遇到的困擾（Bryant, Bryant, & Hammill, 2000）。Gagné 在 1985 年也指出，教給學生在科學課程上的問題解決能力，是科學教育的主要目標之一。從此，無論是科學、數學或一般的教學課程，問題解決策略不斷地被提出探討，並廣泛地應用於教學上。

吳德邦和吳順治（1989）將問題定義為：個人遇到的一種需要解決的狀況，對於這種狀況個人沒有明顯的途徑去獲得解決的方法。而問題解決是指個體面對問題情境時，以合理的過程綜合運用知識技能以期達到解決目的的思維活動，是一個運用學得的原則以解決問題的心理歷程，其過程包括問題解決的計畫及解決的執行，常常是一個嘗試錯誤（try and error）的歷程（張春興，1996；Hutchinson, 1993）。一般問題可以分為幾種類型：一為結構性問題（well-structured problem）：指程序性的思維方式（algorithmic thinking），按一定程序思考推論，即可求得答案的問題。數理教科書上所呈現的問題均是結構性的問題；二為無結構性問題（ill-structured problem）：指情境因素不明、因素不定、不易找出線索的問題。解決此類問題無任何固定程序可循。無結構問題在日常生活中常常遇到。如：如何可成為一位具有高 EQ（情緒智商）的人？三為爭論性問題（issue）：指帶有情緒色彩的問題，此類問題既缺乏固定結構，又易於使人陷入帶有情緒的極端立場。如：強暴犯是否應去勢？以邏輯的方法，問題解決可分為五個步驟：確定問題、分析問題意義及性質、試探所有可能的解決方法、找出可能最佳的解決方法、執行解決方案及驗證（Kolb & Stuart, 2005）。

對於如何教導學生以提升其問題解決能力的議題有許多不同的觀點。Gagné（1985）指出有兩種相對的問題解決指導策略，其中一個是認為應教導學生一般的問題解決策略。這是假設在一般的科學課程中，教導學生對各種問題形成假設和設計驗證假設的策略技巧，促使學生有解答問題的技巧；另一個建議是教學生組織性的知識，使之自然成為一位面對知識問題的問題解決者。因此，依後者的觀點，問題解決策略的教導未必是教學中的重要課題，而就前者的觀點，教師教導學生問題解決的策略便成為教學中的重要工作。

一、教學實施

(一)教師任務

1. **問題解決策略的教導**：教師教導問題解決策略的意義及技巧，包括教導解題中問題的掌握與具體陳述問題的技巧、訓練學生運用技巧來解決問題，以及建立「問題解決」的心理取向。在提出問題時，先針對學生理解問題的程度做適度的解釋，引導學生將先備知識與問題情境相結合。
2. **呈現示範**：在問題解決過程中，楷模的示範是一件重要的事，而教師是學生進行問題解決的重要楷模（Kolb & Stuart, 2005; Safran & Segal, 1990）。因此教師對於問題解決的策略要十分了解，並直接將問題解決策略教給學生，利用示範讓學生學得其中技巧。
3. **學生解答的處理**：當學生解答問題時，教師為一位積極的傾聽者，對於正確的表現教師給予鼓勵，對於錯誤之處給予暗示而不是直接給予答案。問題經由學生解答之後，教師在團體中引導學生分享自己的解題策略及認知標準答案，並在適當的時機做更多的推論引導（Cegelka & Berdine, 1995）。
4. **了解學生解題過程的問題**：面對同樣的問題，學生可能有不一樣的解題過程，教師透過學生解題過程的口述說明，確定學生的解題正確性及問題所在。

㈡學生任務

1. **學得解題策略**：學生學得問題解決策略的技巧，反覆練習，並應用在解題上。例如利用關鍵字找出數學的應用問題，學得並養成習慣檢討自己的解題狀況及實施偵錯。
2. **進行解題**：學生以有程序的、有系統的、明確的過程，小心地進行解題，未來並可應用在解答複雜問題上（Bryant, Bryant, & Hammill, 2000）。

二、教學應用

當學生不能解決問題時，可能因為學生不能正確判斷問題的困難程度、不知道解決問題的方法、堅持度不夠，或者缺乏適當的策略（Montague & Applegate, 2000）。問題解決策略是將學得的規則做一延伸，學生必須結合先前所學到的規則，將之應用到新的問題情境中，使學生最後可以獨立解題（Bigge, 1982）。因此問題解決策略訓練結束之前，必先確定學生對解決該問題所需要的各項原則已經了解，並訓練他注意問題中部分與整體之間的關係及答案的正確性。

許多障礙學生常因為難以發展有效的認知處理過程，而影響問題解決的能力（Cawley & Vitello, 1972）。問題解決策略特別適合教導數學解題有困難的學生，包括輕度智能障礙學生、學習障礙學生。而對社會知覺有困難的學生，也適合用故事性的方式引導解決問題。引導個人在面對問題、面臨抉擇、實踐學習、獲取經驗的問題解決歷程中成長（計惠卿、張杏妃，2001）。例如教師指出問題，然後讓學生以自己的話敘述問題，而後找出問題的處理策略（Cegelka & Berdine, 1995）。

教學舉例

1. 教學主題

解數學應用題。

2. 理論呈現

主要重點在將問題解決策略的技巧教給學生，並引導學生應用在數學應用題解題上。

3. 教學與情境安排

(1) 將一個段考範圍內所有的數學應用問題類型列出，請同學依問題解決策略之步驟呈現解題步驟，包括確定問題、分析問題、試探所有可能方法、找出方法、計算、驗算。

(2) 當學生解答了問題，教師予以積極的傾聽。若學生未正確解答，則教師給予暗示而不是直接給予答案。

(3) 在問題獲得解答之後，教師給予鼓勵，在團體中分享各同學的解題策略及引導同學認知標準答案，並在適當的時機進行推論。

第八節　工作分析法

工作分析是屬於應用行為分析（applied behavior analysis）的一個技巧，來自1930年代行為學派E. L. Thorndike應用「刺激—反應連結」原理，訓練兒童學習算術。將某項工作的基本歷程或項目依次序分化，經由反覆練習（drill and practice），以增強建立其連結，完成學習（陳麗芬，1997；盧台華、王瓊珠譯，1999）。While 定義工作分析為：依據學生的能力，細緻地分析描述需要完成行為的每一個小目標行為（摘自林千惠，1992）。工作分析是針對學生在學習上的需要，對於學生的「學習工作」（learning task）步驟做有系統的單位分析，以小單位指導學生學習，提供教材的邏輯順序，便於學生吸收。

一、教學實施

(一)教師任務

1. **進行分析**：分析學習工作所包含的構成部分（parts）及部分間的關係，將一個活動依步驟分析為數個小的活動步驟。其步驟數目依學生的條件決定。
2. **執行教學**：教師將工作分析的結果，以小活動為單元，一個步驟一個步驟進行教學。每個步驟完成後，並引導學生串聯為整個行為活動，完成學習表現。

3. **執行增強**：利用增強技術，強化學生在各步驟中建立聯結。並在學生適當表現時增強鼓勵之，以提高學生學習的自信心，增強其學習的動機。

㈡學生任務

學生依教師的指導進行一個一個小活動的學習，而後串聯學成一個完整的活動技能。

二、教學應用

工作分析法的應用有利於教學具體化、簡單化的落實，十分適用於動作技能的學習，例如種花、打電話等等，常常應用在教導中重度障礙學生的生活技能。工作分析除了用以教學外，並可成為教學者間的溝通工具。例如若對學生進行穿襪子的教學，將其學習內容進行工作分析，並將其工作分析內容貼在生活自理教室內的門邊，則每一位帶學生前來生活自理教室的教師，均知道依相同步驟對學生進行穿襪的訓練，則學生可以得到許多複習的機會，而且從不同的老師得到的訓練過程可一致。

對障礙學生以工作分析進行教學時，原則上程度越重的學生工作分析的步驟應越多越細，對於程度較好的學生，則工作分析的步驟可以較少較粗略。Browder 建議工作分析時，所有的技能可以分為八至二十個步驟，其適當數目可以透過觀察或與同儕比較，並基於自己的經驗予以決定（林千惠，1992）。工作分析教學能應用在個別化教學上。

然而由於工作分析將一個活動細分為數個小步驟，較難應用到必須一次教導多個活動的教學課程中。例如要學生完成上體育課的準備，可能包括脫上衣、脫褲子、穿上衣、穿褲子、穿襪子、穿布鞋等等多個技能。則很難在準備的課程中針對每個活動均進行工作分析而後教導。因此在進行工作分析教導時，若有多項技能必須加以教導，則會依其中需要性權衡教學之輕重緩急後決定教學的內容，以利教學。例如：要訓練智能障礙學生成為一位汽車清潔員，其中一項重要的工作為更換椅套，教師可先將此工作優先以工作分析進行教學，待學會後再規劃其他工作分析的課程。

教學舉例

1. 教學主題

晾曬衣物。

2. 理論呈現

在設計教學前事先與家庭做充分的聯繫，了解學生之居家生活情形，將晾曬衣物進行工作分析，以便一步驟一步驟進行教學。

3. 教學與情境安排

(1) 經由家長取得資訊，了解學生在家是以洗衣機脫水後晾曬衣物，並且是使用夾子輔助固定衣服。

(2) 將晾曬衣物進行工作分析：將衣物甩開→將衣架套入袖子→將衣架掛在衣桿上→用衣夾將衣服固定→整理好衣服→善後處理。

(3) 進行教學：依工作分析完成之步驟，一一教導學生。

第九節　單一嘗試教學法

單一嘗試教學法（discrete trial teaching, DTT），是應用行為分析技術的另外一個重要教學方法，是以三個要素：「刺激（antecedents）→行為表現（behavior）→結果（consequence）」發展出來的教學法，強調教學刺激、行為與結果的相互聯結關係。在教學過程中教師根據工作分析法，將學生技能細分到最小的教學單位，成為各個嘗試（trial）進行教學。在過程中並善用行為改變技術，以強化學生概念或技能的習得。

一、教學實施

(一)教師任務

1. 教學單位：教師一次只教導單一項技能成為嘗試，各個嘗試之間是獨立且不須連結的，教師提供密集式教學，直到習得完整活動。而且必須對一個學生所進行的嘗試完成後，才對另一個學生進行嘗試（張明莉、鳳華，2004；鳳華，2002；Miranda-Linne & Melin, 1992; Taubman, Brierley, Wishner, Baker, McEachin, & Leaf, 2001）。

2. **實施行為改變技術**：利用區別性增強強化適當的反應及消弱不當的反應，並在確定學生的反應是唯一且正確的反應時，才給予增強。若學生自發性地表現適當的行為（例如眼神接觸、坐得很好），要立即增強該適當行為；而學生若同時做出不當行為及正確的反應，如同時發出尖叫及寫作業，依舊是當成不正確的反應，不給予增強（鳳華，2002）。若學生在刺激呈現前就出現反應，可能原因是學生根本沒有專心，只是隨便反應，亦不要給予增強。
3. **進行評估與記錄**：隨時評估記錄學生的學習表現，以繼續或修訂教學活動或安排類化的學習活動，並成為評估教學成效的重要資訊。
4. **教學環境安排**：單一嘗試教學法強調教學環境的重要性。教師設計各種不同的環境進行教學，以幫助學生未來適應各種條件的生活環境（張明莉、鳳華，2004）。
5. **執行提示策略**：在需要時給予提示以引導學生適當反應，經過適當練習後，在不給予提示的情況下，再讓學生進行嘗試。
6. **指令明確且正向**：教學者的指令簡單明確，以凸顯學習重點，避免學生混淆，而其語氣應正向，以引導學生直接行動。例如用簡單且明確的指令說：「停！」而不是：「不要玩。」
7. **注意學生的反應**：在傳達指令時，應先確定學生有足夠的專注力，完全了解指令的意思。注意給予學生適當的反應時間，例如給予學生三至五秒的反應時間，以免剝奪其學習反應的機會（Taubman et al., 2001）。而當出現錯誤反應時，立即給予糾正。

㈡學生任務

學生在學習過程中專心學習，但其學習是較被動的，因老師的教學安排而反應。

二、教學應用

單一嘗試教學法特別適用於自閉症及其他有關語言、社會技能、動作及自我管理等方面的發展性障礙學生的教學（Miranda-Linne & Melin, 1992; Taubman et al., 2001）。與工作分析法的限制一樣，單一嘗試教學法，較難將此技巧應用到需要執行多個技能的學習活動課程中，因此有時候較難直接進行功能性課程的教學。

教學範例

1. 教學主題

麥當勞點餐溝通圖卡的使用訓練。

2. 理論呈現

分析一節課的教學活動中將教導的溝通詞句，以一次一個詞句的教導進行課程，利用行為改變技術增強學生的學習。

3. 教學與情境安排

分析麥當勞點餐過程中使用到的溝通詞句，包括「我要一份薯條」、「我點好了」、「請給我紙巾」等等，設計情境，利用增強配合所製作的溝通圖卡依序進行單一詞句的運用。當學生熟練了一個詞句之後，才進入到下一個詞句的訓練。

第十節　教學理論綜合應用範例

本節將以上九節的教學理論進行綜合分析，並提出一個範例將九種教學理論做綜合應用。

表 5-1　各種教學理論比較

教學法	學理來源	教學特色	限制	備註
1. 講述法		經濟、直接傳授課程。	以團體中大多數人之程度及學習能力為進度，團體中資質較優及較差同學易受忽略。	
2. 建構教學法	人本主義	與生活經驗充分結合、學生得以活用。	配合啓發教學，教學設計較花心思，進度較難掌控。	
3. 編序教學法	行為主義	教材層次分明，易難漸進；易區別個別差異需求。	教材編製不易。	
4. 精熟學習法	行為主義	反覆練習至精熟；每個學生有其個別學習進度。	不適合較多人的小組或團體教學。	
5. 直接教學法	行為主義	有系統、有組織、條理分明之教材。	不適合結構性低的教材；易限制教師的教學創造力。	常與精熟學習法結合。
6. 自我指導法	認知行為主義	以認知調整提升學生表現能力。	認知能力低的學生較難運用。	
7. 問題解決策略	認知主義	學得問題解決技巧以提升問題解決能力。	認知能力低的學生較難運用。	
8. 工作分析法	行為主義	將學習內容分小步驟教導，由小步驟的學習完成一整項的動作技能學習。	較難應用到具有多個技能的學習活動。	配合增強技術。
9. 單一嘗試教學法	行為主義	一次教導單一行為，使教學內容單純化。	較難應用到具有多個技能的學習活動。	配合增強技術；與工作分析結合。

一、教學理論綜合探討

表 5-1 依學理來源、教學特色及限制等進行各種教學理論之比較。

二、教學理論綜合應用在教學

各種教學方法間有些相互支援的觀點與技巧，有時候我們很難指出其中一種技巧就一定是來自於哪個教學方法，但是為了因應學生在學習過程的各種表現，教師應有能力綜合及彈性應用各種教學方法於教學中。本文以康軒教材國小三年級下學期之數學第九單元「體積」為例，進行範例運用的說明（見表 5-2）。

在教學過程中，教師以系統化知能出發，發展適當的策略，因此教師應該有教學理論為背景，而不是想要怎麼教就怎麼教（盧台華、王瓊珠譯，1999）。且沒有一種教學策略可以應用或滿足於所有學生的學習過程，因此教師應該擁有各種教學知能，以因應學生之狀況。本章即在探討各種特殊教育教學的理論，期望教師們能整合應用，以發展適合學生學習的教學策略。

表 5-2　幾種教學法在教學上之綜合應用範例——體積教學

教學活動	教學事件／情境／學生表現	教師任務／處理	主要教學理論
了解學習起點行為；引導學生準備進行同化或調適		了解學生原有的體積概念，包括單位名詞、體積意義等等；以學生學習起點為基礎，設計教學活動及進度。	直接教學法；建構教學法；編序教學法
		教室布置以一立方公分的立體積木組成各種立體物品。	建構教學法；直接教學法

表 5-2　幾種教學法在教學上之綜合應用範例——體積教學（續）

教學活動	教學事件／情境／學生表現	教師任務／處理	主要教學理論
		情境安排：座位安排半圓形，以利教師監控；A 生學業表現或學習成績較弱坐中間，鄰座安排數學較優，上課亦較有反應的學生。	直接教學法
以兩個麵包進行體積的直接比較		舉生活中遇到體積之問題，引發同學思考及進行討論。	建構教學法
以小方塊進行體積的實測	學生檢測（以自我語言）：一個小方塊是一立方公分，算算多少個方塊就有多少立方公分。		自我指導法
體積演算法應用	學生以自我語言輔助進行體積演算。	教師講解體積意義及公式原理；教室張貼體積概念及公式海報。	講述法；自我指導法；直接教學法
強化體積運算能力	學生了解運算原則後反覆練習例題。	用二十個範例教導體積概念。	精熟學習法；直接教學法
		教師歸納總結體積的定義；說話的速度不疾不徐，抑揚頓挫，並呈現適當的表情與動作。	講述法；直接教學法
	A 生精神不集中，B 生與 C 生說話並打鬧。	教師暫停教學，處理學生問題；請同學齊聲朗讀體積概念。	直接教學法
進行課間小測驗		教師進行測驗評量以了解學生的解題狀況。	精熟學習法

表 5-2　幾種教學法在教學上之綜合應用範例——體積教學（續）

教學活動	教學事件／情境／學生表現	教師任務／處理	主要教學理論
執行補救教學		教師對不熟悉解題的同學進行額外練習指導，並於補救教學後再次測驗評定其精熟狀況。	精熟學習法
	部分學生有衝動思考現象，致計算結果常出現錯誤。	教師提醒學生每次須檢驗自己的運算表現；引導學生做偵錯。	自我指導法；後設認知策略
作業安排		安排作業，以便提升學生對體積認知的精熟程度。	精熟學習法
應用問題的解題練習	學生嘗試發展應用問題解題程序。	學生未能順利解題時，教師進行解題示範。	問題解決策略
	學生以「數學表現自我監控表」檢核自己的不當表現（例如：單位有無用「立方公分」）。		後設認知策略

第六章

課程安排

在特殊教育中，欲使特殊學生充分發揮潛能成為獨立個體，有賴所提供的課程是否適合學生的教育能力與教育需求。早期特殊教育課程以分科為主要的模式，根據知識的性質做有系統的組織，依各自的系統設計教學目標分別施教。然而卻因此而使課程零碎，缺乏連貫性。因應學生需求或課程形式調整活動型態的課程理論因此誕生。

本章主要在探討特殊教育課程上常應用的幾種安排，包括功能性課程、生活核心課程、生活中心生涯教育課程、結構式教學法、自然情境教學法以及臨床教學。

第一節　功能性課程

功能性課程（functional curriculum）在障礙者教育中受到相當的推廣，原因是功能性課程可以提高個人生活能力，對於學生成為獨立個體為一相當重要的教育方向。所謂功能性課程是所學的課程可以實際應用在日常生活中，以學生的能力需求作為課程規劃的主要依據，考量特殊學生之障礙類別、程度、年齡，將各種學習之概念帶到日常生活中，強調實用學科教學，重點集中在教導學生成人生活有用的技能。如果學生離開學校後，沒有學習到該項活動或技能，而需要有人幫他做，那麼該課程便具功能性（黃金源，1993），便是教學上的重點。

一、教學論點

功能性課程使學生學到的是實用的活動（見表 6-1），其教材內容的設計必須著重養成完整活動能力，避免教導零碎的技能，並在自然的生活情境中教學。

功能性課程設計有以下原則：

1. **以領域設計課程**：功能性課程必須是可以應用的，因此課程組織常依據生活技能領域（如家庭生活、社區生活、職業生活、休閒生活等等）加以設計，而非學科技能領域（如國語、音樂等）。
2. **課程完整性**：功能性課程是完整的活動，而不是零碎片段的技能，因此常以多個領域的技能組成一個活動，或說一個活動常包含多個領域的技能，才能具有功能性，例如購物必須包含錢幣的認識、數字辨認、溝通應對等等。因此十分適合以生活核心課程的形式實施。
3. **適齡的生活功能**：功能性課程須同時考量學生的心理年齡及生理年齡，就心理年齡的角度必須思考其學習的難度，就生理年齡而言，必須思考其學習內容。因此在進行配對訓練時，不適合以蒙特梭利的課程教導學生以棒插入洞內，而應該以插頭插入插座，使電風扇運轉。
4. **教學與評量結合**：為了使課程具功能性，設計功能性課程時最好能同時與評量結合，以便學到真正適合的內容，其中如生態評量即為相當好的課程

表 6-1　功能性與非功能性課程的教學內容比較

	非功能性課程 （零碎的技能）	功能性課程 （與生活情境結合、完整的活動）
實用語文	會寫「幫忙」	在需要時會適當表達自己的需求
實用數學	認錢幣值	使用錢幣購物
生活教育	穿脫衣褲	烹飪課時穿上烹飪服飾準備烹煮食物
社會適應	知道購衣商場有哪些	依自己身材挑選適當大小的衣服
職業教育	會說請、謝謝、對不起	服務生的禮儀應對服務
休閒教育	使用剪刀	使用剪刀修剪花木

評量依據。

5. **考量實際情境的條件**：功能性課程必須考量實際情境的運用狀況，例如用詞必須口語化，所用的圖片教材最好以真實情境拍攝，並為了可以實際運用及學生得以獨立表現，常設計替代方案（參考表 6-2）。

6. **重視真實情境的應用**：功能性課程應該能在真實情境中應用。將學習成果落實應用在日常生活中，並且有機會與一般人接觸。例如如果教學生「六大類食物」，則除了教導學生認識六大類別食物外，應該引導學生能夠在飲食上實際分配食物，例如可以製作檢核單，請學生在午餐時或回家用餐時進行檢核勾選。

二、教學應用

功能性課程強調實用性，特別適合用於對中重度智能障礙學生的教學；但較不適用知識性的課程，因此若學生將做升學準備，則不適合以功能性作為課程。

教學範例

1. **課程主題**：教導學生影印資料，以建立學生接受與閱讀影印工作指令之能力。
2. **理論呈現**：以跨領域活動設計，在各領域中規劃安排功能性課程的內容。
3. **教學情境**：實用語文課程教導學生認識影印工作可能讀到的文字（如影印及放大），及教導學生了解口頭或書面表格指令，協助老師做影印工作；實用數學教導學生數學相關概念或詞語，如 A4、正反面、34 張、紙張歸類及紙張對齊；生活教育課教導整理影印機旁紙張的堆疊及與他人應對互動禮儀。

表 6-2 替代方案設計實例

實用語文		
情境	限制	替代方案
1. 讀課表	看不懂課表標示	1. 一次只呈現一堂課或一日的課表。 2. 課表上改以圖片或老師的照片表示。
2. 寫字	手拿筆寫字的動作無法完成	使用電腦打字完成作業。
3. 寫名字	學生無法握筆	1. 以印章代替。 2. 使用姓名條貼紙。 3. 設計握筆輔具。
4. 語言能力不好	無法清楚表達自己的意思	使用溝通板、溝通卡。
實用數學		
情境	限制	替代方案
1. 擺碗筷	學生不會數碗筷的應該份數	在餐盤上擺一張紙，上面寫上 1、2、3、4，或依所需碗筷數畫圈，讓學生依 1、2、3、4，或圈數來擺碗，筷子放在碗的右側，有幾個碗就放幾雙筷子。 （圖：上面放碗；或；1 2 3 4 5 6）
2. 拿十粒蛋	不會數數	利用蛋的包裝膜，將蛋放滿並在蛋膜上貼上數字。
3. 看時間	不會看指針時鐘	使用電子鐘或會播放聲音的鐘。
4. 買東西	不會使用錢幣	把錢一袋一袋裝好，上面貼「食物」的圖片讓學生對照金錢購買。 （圖：棒棒糖；10 元；錢幣的照片） 用相館送的相片簿，裡面裝實物及金錢的圖片，以比對方式讓學生取錢購買。
5. 倒水	不懂八分滿的意義	在杯子的八分滿處做標記。

表 6-2 替代方案設計實例（續）

情境	限制	替代方案
6. 看體溫度數	不了解發燒的溫度	用液晶顯示的溫度計，教導學生只看整數 37、38、39、40、41、42 度即是發燒。
生活教育		
情境	**限制**	**替代方案**
1. 穿衣服	扣扣子的精細動作發展不好	1.穿拉鍊或鬆緊帶的衣服。 2.穿大扣子衣服，以利扣扣子。 3.改以子母貼（魔鬼氈）方式穿著衣物。
2. 穿衣服	不會分辨正反面	在衣服正面處做記號。
3. 穿鞋子	穿鞋子會穿反	在鞋子互碰的兩側各做一記號，當記號互碰時，即是正確的。
4. 穿襪子	總是分不清上下裡外	1. 在外面處做記號，以分辨內外，並告知記號要穿到足跟，才能穿得正。 2. 選用底部有深色的襪子。
5. 開門	不會開鎖	1. 使用感應式卡片開鎖。 2. 以按鈕式門鎖代替。
6. 使用水龍頭	無法握緊、出力	1. 使用直桿式的水龍頭。 2. 使用感應式水龍頭。
7. 洗澡	洗澡時不會調水溫	1. 把水龍頭固定住，使只能上下搬動，水溫就會一定。 2. 將熱水鈕做一記號，轉到 A 點，冷水鈕做一記號，轉到 B 點，使成為最適宜的水溫。 A B 熱 冷
8. 洗澡	不會控制洗髮精、沐浴乳的量	放置適當大小的容器，請學生依該容器盛裝；使用按壓式容器則提示或教導每次按壓次數。
9. 洗澡	力氣不夠，未能扭乾毛巾。	改用海綿，一擠水就出來，之後再用乾毛巾擦一遍。

表 6-2 替代方案設計實例（續）

情境	限制	替代方案
10. 泡麵	不曉得要泡熱水多久。	1. 給予一個沙漏，等沙漏完了，就可以吃了。 2. 用一首歌或一曲音樂的時間計算。 3. 以計時器（鬧鐘）提示。
11. 拿水杯	難以握住杯子。	1. 用吸管。 2. 用有耳朵握柄的杯子。
12. 打電話	無數字概念，無法記住多組電話號碼。	1. 將話機號碼預先設定，以圖卡（照片）比對人物撥出電話。 2. 使用聲控撥號。
13. 拿湯匙	無法握緊湯匙吃飯。	改變設計湯匙的握把形式。
14. 覺察門鈴響	聽不到門鈴聲。	裝置聽障專用警示燈，有人按鈴燈就會閃爍。
	休閒教育	
情境	**限制**	**替代方案**
1. 紅綠燈	不知道紅綠燈的意義。	1. 教導口訣「紅燈停、綠燈行」反覆練習。 2. 製作小卡片將十字路口綠燈的情形拍下來，經過十字路口，若燈號與相片一樣，則可通行。
2. 寫信	不會寫字。	1. 信封地址可事先製作字條，以黏貼方式製作信封。 2. 信的內容，由畫圖代替。
	職業教育	
情境	**限制**	**替代方案**
1. 澆花	不曉得要澆多少水。	以固定的杯子，一盆花澆一杯水。 1500cc 100cc
2. 種花	不了解多遠種一株。	以一支 15 公分的尺為工具，一株花與下一株花距離，剛好一支尺。 15cm

表 6-2 替代方案設計實例（續）

3. 清洗	不了解清洗廁所或窗户的步驟。	將每個清洗步驟，拍成相片或以字卡貼在牆上提示。

第二節 生活核心課程

生活核心課程，或稱為生活經驗統整課程，主要在以生活的重要活動為中心，提供完整生活經驗為基礎，聯絡貫穿各學習領域教材，使學生在學習上具有統整的活動概念與能力。

一、教學論點

生活核心課程的目標在增進障礙學生之生活能力，依據身心能力之狀況及發展階段，指導其具備生活上應有的基本知能與態度。生活核心課程的編製原則：

1. **目標具體化**：課程目標具體，引導著教學的執行。
2. **課程間具統整性**：各科課程間的關係縝密，經由充分的溝通，使學生學得統整的生活經驗。
3. **內容個別化**：學生所學得的內容乃以學生的經驗出發，因此課程內容相當個別化。
4. **課程功能性**：就障礙學生而言，生活核心課程必須具功能性，學生所學習的內容必須在生活上可以應用得到。
5. **動態性活動**：為了使學生可以實際應用，安排的課程活動常常是動態性的。

二、教學應用

威斯康辛州教育局曾經編製一套生活核心課程，供該州特殊教育學校（班）應用，我國也曾有特殊教育教師將之翻譯，但未經正式的出版發行。其內容包括十二個大領域：食、衣、住、行、育樂、人員及工作、認識自我及與人相處、學習溝通等等。唯該翻譯課程未能符合本土的民俗特質，因此未能充分應用在我國的情境中。國內嘉義啟智學校等特殊學校，或部分一般學校特教班也曾考量國情發展生活核心課程，編製各學部核心課程單元主題，在校內做實務的運作，效果良好。

一般學生在學習生涯中一再學習相同的主題，例如他可能小二學了中秋節、小四再學一次，國二、高一可能又再學一次，學生習得的內容過於狹隘。且不同領域又可能在不同時間教授同樣主題，使學生學習的課程零碎重複。生活核心課程主題明確清楚，只要經過設計及適當的轉銜，可以避免此現象，而能更周延地學習生活中必須學習的活動。且生活核心課程具功能性，使學習內容能統整而不至於零碎片斷；且生活核心課程易類化，可以在不同領域課程間做最好的聯繫及整合，對於生活能力得以全面性提升。

但是，生活核心課程常常難有效重組教材內容，易顧此失彼。且生活核心課程以相同主題為課程單元，部分課程設計不易，有時難以橫跨各個領域進行教學設計。例如「教師節」主題，可能教師認為要在職業教育中進行教學會過於牽強。

教學範例

1. 課程主題：生活核心課程的執行規劃。

2. 理論呈現

(1) 在一般學校特教組內，採跨年級分組教學，每個月全組以相同的主題進行教學。

(2) 每個月訂一教學主題，教學主題暫訂，依事實需要或家長意見，每學期做彈性調整（見表 6-3）。

(3) 各領域課程盡可能配合教學主題進行教學（以每月 1 日為教學主題更換日），若實在無法配合者，則自行訂定教學內容。

3. 教學情境安排

(1) 每學期第一週將該學期各主題書面通知家長，並請家長提出其子女的學習意見。

⑵ 各領域課程教師在每學期召開IEP會議時，將該學期的初步教學計畫與家長討論訂定及修正教學目標，於會議後，依此撰寫教學進度表。

⑶ 教師將所編寫之教學進度表公布於組內公布欄，以促使課程間具聯繫性與統整性。

⑷ 教學主題事先訂定，以三年為一輪（如表 6-3），全組（或全校）在同一個月教導學習同樣的主題，學習情境共同布置，而每位學生在就學期間，都接受每一主題之學習。

⑸ 各領域課程教師依主題制定或尋找教材，並建立資料檔案，將資料傳承，以便教師三年後再進行相同主題教學時，擁有更多資源。

⑹ 相同領域課程之教師間，隨時交換心得，提供支援，共用資源，以解決教學困難，增進教學效能，並得以減輕教師教學負擔。

表 6-3 生活核心課程主題範例

	第一年	第二年	第三年
9月	看電影	上學	教師節
10月	天氣變化	中秋節	居家清潔
11月	動物	認識日期	兌獎
12月	耶誕節	慶生會	拜訪親友
1月	招待客人	飲食	春節
備用	身體清潔	植物	裝飾物品
2月	準備週	準備週	準備週
3月	打電話	元宵節	搭車
4月	點餐	身體保健	衛生習慣
5月	交通安全	穿衣物	交友
6月	端午節	購物	參觀
備用	放暑假	家庭	打扮

註：以課程主題為概念，教師依授課領域及學生之程度訂定教學活動名稱。

第三節　生活中心生涯教育

生活中心生涯教育（life center career education, LCCE）是 D. E. Brolin 所倡導，以能力本位課程（competency-based curriculum）為設計原理，是一個從幼稚園至高中乃至高中以後的學校教育與成人教育的課程模式。LCCE 為學生提供統整且連貫的課程，將生涯課程融入學術課程及一般課程中，最後引導學生步入生涯系統，成為該系統中具生活能力的工作者。配合完整的生涯發展過程，Brolin 的生活中心生涯教育轉銜模式，以課程形式提供身心障礙學生做各種生涯事件的探索，與生活能力的培養。

一、教學論點

此模式涵蓋在家庭、學校或社區等不同場所的各種生活經驗，期望使個人表現適當的生活角色，而設計以單元為主的課程活動，每單元均含教學內容、教學指引、作業單等。其中包含三大領域，二十二項能力，九十七項能力分項（許天威，1993；彰化師範大學特殊教育中心，1992；Beirne-Smith, Patton, & Ittenbach, 1994; Clark & Kolstoe, 1995），即：

1. **日常生活能力**（daily living）：包括處理個人財務的能力、選擇及處理居家事宜的能力、養育子女及面對婚姻責任的能力、購買準備及消費食物的能力，以及表現公民責任的能力。
2. **個人社會能力**（personal social）：包括使用娛樂設施及從事休閒活動、社區活動、自我認識、獲得自信心、行為負責、維持良好人際關係技能、獨立能力，以及適當抉擇的能力。
3. **職業輔導與準備**（occupational guidance and preparation）：包括溝通的能力、認識職業機會、選擇就業途徑、良好工作習慣、求職與就業能力、靈活操作的能力，以及專門行業的能力。

學生透過課程的安排經歷四個生涯發展階段，即：生涯覺察、生涯探索、生涯準備及生涯安置。

1. **生涯覺察**：主要在小學階段安排生涯覺察課程。學生從態度、資訊及自我認識，對未來的生涯有初淺的認識與了解。
2. **生涯探索**：學生透過自我檢視，了解能力，並開始與外在環境接觸。生涯探索課程主要自小學開始安排，若為重度障礙學生則從中學階段開始。
3. **生涯準備**：開始為生涯選擇做較積極具體的準備，例如職業技能的培養。
4. **生涯安置**：針對學生特質、技能及興趣安排就業或居家等。

二、教學應用

生活中心生涯教育課程在世界各國均有翻譯的版本。國內亦有學者曾經翻譯，其中彰化師範大學特殊教育系曾經出版，內容包括四大冊，是特殊教育教師很好的教學資源（彰化師範大學特殊教育中心，1992）。但由於其內容有許多用到多量的文字，因此教師在運用時仍要依學生的程度調整內容。尤其對於中重度智能障礙學生，教師要經過相當的評估設計才能選出適當的教材而後教導。

教學範例

1. **課程主題**：生活中心生涯教育課程的執行。
2. **理論呈現**：以生活中心生涯教育課程為教材主要來源，進行教學的規劃與執行。
3. **教學情境安排**：對學生的學習條件做評估，並與家長討論學生學習期望而後挑選主題，各單元再依學生之學習條件調整學習內容之深淺。必要時並自己設計簡化的教材及學習單。

第四節　結構式教學法

結構式教學法（structured teaching）是美國北卡羅來納大學 Mesibov 及

Schopler教授歷經多年教學經驗，於1960年代中期發展而成（曹純瓊，2001）。1972年Eric Schopler正式成立TEACCH（the Treatment and Education of Autistic and related Communication-handicapped Children，自閉症及溝通相關障礙兒童之介入與教育），並予以積極推廣，至今TEACCH在特殊教育，尤其是自閉症及具有溝通問題學生的教學，應用十分普遍。

一、教學論點

自閉症學生在組織與規劃、聽覺處理、注意力、跨情境類推及與其特殊興趣無關的記憶力方面常有相當的困難。而自閉症學生的學習優勢包括視覺處理、特殊興趣及與特殊興趣有關的記憶。TEACCH是利用自閉症學生在視覺處理上的優勢，根據學生所要學習的目標，對學習情境（包括時間、空間、教材、教具、活動等）所做的一種有系統、有組織的安排。以顏色、線條、圖片、文字等視覺表徵，將物理空間、時間表、工作學習系統、作業程序等等予以結構化，協助有接受性語言障礙學生了解外在的空間、時間表與活動的結構與程序。

1. **結構化物理環境（physical organization）安排**：TEACCH相當著重結構化物理環境，有組織、有系統地安排教學環境、材料及程序（鈕文英，2003；Hancock & Kaiser, 2002）。例如不同活動區域的隔閡與布置界限分明，使學生容易區辨各個活動區域各有其固定的活動任務；學生因而清楚地知道自己的上課區域、位子及任務（鈕文英，2003）。環境規劃須考慮學生個別差異與特殊需求，如安排ADHD學生坐在面對牆壁的桌椅，代表在那個時間內要獨立寫作業。
2. **作息時間結構化**：作息時間結構化的設計使學生依據作息時間表中的預期活動內容進行程序。例如把班級活動程序排列在一張表格上，利用不同顏色與活動程序線索，從左而右或由上而下排放，使學生預知學習程序或工作以及完成時間，而能依流程來遵守，以避免學生因為無所適從或固執特質而出現其他行為問題。
3. **工作制度化**：將工作的規則建立制度，對每項要求的工作標示清楚，例如依學生能力及工作內容進行工作分析並製成不同顏色的卡片，作為學生的工作指令，知道工作的內容或規則。

4. **個人化工作系統**（individual work system）：對於不同能力的學生，老師根據個別能力設計出適合的工作系統，例如對於能力較高的學生以文字來傳遞訊息，而對於程度較差的學生，以圖片、符號、數字傳達訊息，傳達內容包括：應做什麼、要做什麼、如何知道做完了；或做完之後做什麼？
5. **視覺線索結構化**（visual structure）：視覺線索結構化是利用視覺優勢特質，透過視覺提示、視覺組織及視覺指導等技巧，應用結構化教材教具建立及維持學生的專注力，使他們容易接收和明白環境中的資訊，增加學習效果。包括：⑴清楚的視覺活動；⑵組織化的視覺線索；⑶視覺線索的步驟指示等。

另外，結構式教學法也會運用一些策略，提升教學的效果，包括提示或增強策略等。

二、教學應用

通常障礙程度越高，越難將學習做類化，所需的課程結構性越高，反之越少。結構式教學法為一個相當結構性的教學模式，對於有溝通問題學生的作業表現有很好的指引，而能促使其成功完成作業。一般教室學習環境雖可予以結構化安排，但是不夠生活化，使得學生學習成果的類化機會受到限制；而一般生活情境雖然自然，但並非經結構設計，學生是否因此能在未經結構化的日常生活環境中，在多重而複雜的感官刺激環境下，學會有效利用視覺線索解決問題，或是否能將學會的技能類化至日常生活中，則受到質疑，也使得TEACCH之價值受到影響。另外，結構式教學法強調獨自學習，可能會因為欠缺對談及與人互動的機會，使學生的社交人際關係問題未能獲得改善，甚至更為嚴重。

教學範例

1. **教學主題**：以電鍋煮飯。
2. **理論呈現**：運用結構式教學法理論中之結構化物理環境、視覺線索結構化安排教學情境。
3. **教學情境安排**：將空間規劃為三個區域，分別為洗米區、煮飯區及盛飯區，其中洗米工作分析為七個步驟、煮飯工作分析成九個步驟，而盛飯工作分析為六個步驟，將各區工作依三個顏色，以紅、黃、藍之字卡標示工作流程，引導學生表現。

第五節　自然情境教學法

傳統的語言治療課程乃治療者以一對一的門診治療方式，在沒有太多刺激的隔離室重複密集地練習（曹純瓊，2001）。這樣的治療過程因為一成不變的內容、步調及學習步驟，缺乏功能性，易使障礙者概念僵化，類化更為困難。並由於傳統語言治療課程，訓練時間有限，效果亦受影響，因此自然情境教學法乃應運而生。

一、教學論點

自然情境（milieu）意指環境中的物理環境及物品，例如餐廳、工作場所、客廳中的電話等等（Rodi & Hughes, 2000; Tisot & Thurman, 2002）。自然情境教學法所掌握的策略，是開始於學生有溝通表達的意圖，及教學者能夠有系統地提供適當的溝通及社會互動示範（Hancock & Kaiser, 2002; Kaiser, Hancock, & Nietfeld, 2000）。而環境安排是教學首要條件，以促成學生的學習動機並維持類化。自然情境教學法掌握日常生活中自然的機會訓練學生語言溝通，使學生可以充分應用（Rodi & Hughes, 2000）。但是這樣的應用使教學機會淪為被動，且可能使教學的機會減少。若能設計安排一些系統化或有目的的應用，將使學生學習機會提高。學者因此提出系統化的論點，形成自然情境教學法的理論。其教學原則如下（曹純瓊，2001；Fey, Warren, Brady, Finestack, Bredin-Oja, Fairchild, Sokol, & Yoder, 2006; Kaiser, Hancock, & Nietfeld, 2000; Peterson, Carta, & Greenwood, 2005; Rodi & Hughes, 2000; Yoder & Warren, 2002）：

1. **掌握學生學習動機**：語言教學在自然環境下實施，以學生的興趣為訓練基礎。學生一些前語言的表現，如眼神、手勢動作等，表示他有與他人溝通的動機（Yoder & Warren, 2002），應予以善加把握。
2. **隨機教學**：在自然發生的生活環境中，只要有訓練的機會，則隨時因應環境中的表現介入短暫教學。
3. **介入者為重要他人**：與學生有機會溝通的任何人對學生溝通行動都有影響，並會影響到學生未來的語言發展。因此如家長、教師，或任何一位與學生有機會接觸的人均為教學訓練的人選。
4. **適時安排情境**：需求滿足了，就沒有溝通的機會，教師應適當地安排刺激物提升學生的溝通動機。因此可在過程中故意製造一些阻力或其他情境，讓學生有想要表現的欲望，而後主動提出要求，使學生在自然情境下有表達或表現的動機，其中可用的策略包括（Fey et al., 2006）：⑴讓學生看得到，卻得不到他有興趣的事物；⑵提供他不正確或不完整的事物；⑶提供他有選擇物品的機會；⑷呈現需要協助學生才能完成或獲得的事物，如需要登錄才能開啟的電動玩具；⑸製造一些幽默或出乎孩子意料之外的事物或情境，例如安排或提供意外有趣的事物；⑹輪到學生應得到事物，卻漏掉未給；⑺在過程中教導者延遲發言，不要先開口，以促使學生有開口的意圖。
5. **彈性的訓練時機與時間**：動機會影響學習成果，由學生的興趣與動機決定訓練時機與時間的長短，如果學生有興趣，則以較長的時間訓練，如果學生無興趣，則訓練時間終止。
6. **提供提示（prompt）**：在學生有意圖表達卻表達不出來時，教學者適時提供由少量到多量的提示，引發學生表達學習機會。並且適時提供語言示範，引導學生學習適當的語言（見第七章第三節）。
7. **與學生正向互動**：「不」說多了，學生就沒有溝通意圖，因此在互動過程中應以正向的溝通模式進行。而當學生有正向表現時給予立即增強。

自然情境教學法為有效進行教學，乃發展了數個模式，其中常被討論的包括：示範法（models teaching）（見圖 6-1）、延宕法（time-delay teaching）（見圖 6-2）、詢問－示範法、隨機法（incidental teaching）等，各種模式大同小異，其中主要元素不變。以圖 6-1 為例：在自然情境中，有一些事物能引起學生興趣，使學生集中注意力在該事物上。教師可以因此掌握時機呈現示範，引導學生學習反應。如果學生反應正確則給予增強鼓勵，使學生有更多的反應，包括：

1. **立即讚賞**：以口頭及表情的增強鼓勵，強化學生的學習成果。
2. **擴大語言**：因為學生正確反應，則掌握時機使學生有更深或更廣的語言學習，例如加長學生的語言表達字數。
3. **獲得事物**：如學生能夠正確表現則給予實物，以增強該次的語言表現。

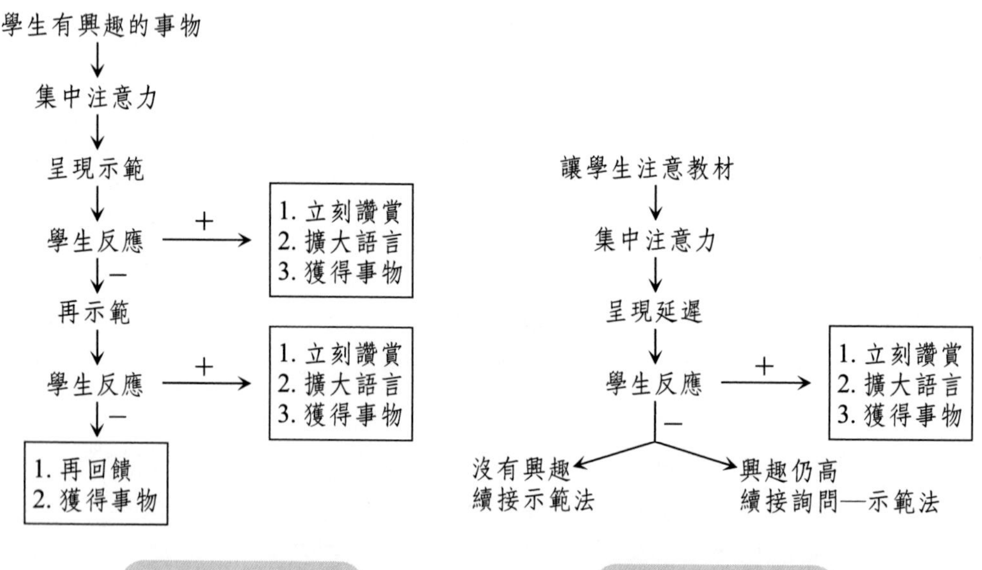

圖 6-1 示範法

圖 6-2 延宕法

二、教學應用

自然情境教學法並非教導學生單一發音的無意義或用不到的語言，其教學重點為提升學生的功能性語言技能，提升社會性語言的應用，而不只是語言的內容。同時訓練語言形式、功能及語言學習策略，提升其語言能力。也相當著重學生的跨情境應用能力。自然情境教學法中教師介入的強度和持續度，應該是足以使學生能夠學得新語言，並將新技能類推運用（Hancock & Kaiser, 2002）。

教學範例

1. **教學主題**：用餐時的溝通。
2. **理論呈現**：設計情境促發學生意圖表達的機會，予以溝通互動進行語言訓練。
3. **教學情境安排**：在營養午餐分配時，給A生白飯沒給菜。由於A生喜歡吃肉與菜，因而形成其要求給菜的眼神。教師應用自然情境教學法之理論予以互動。例如學生說「菜」一個字，教師依其反應引導他說更長的詞句，例如「我沒有菜」、「我要菜」，最後並以實際給菜作為增強。

第六節　臨床教學

臨床教學（clinical teaching），又稱教育治療、診斷教學或處方教學。乃取自醫療體系中臨床診斷後予以處方的概念。如同醫師評估後給予診斷，再針對病症開立處方治療。因此臨床教學的概念便相當著重評量診斷的工作，藉著教師的觀察與診斷，找出學生學習困難所在，再針對學生的問題狀況進行教學設計後，開立處方施予補救教學。因此又稱為「處方教學」或「個別化教學」。

一、教學論點

臨床教學藉由評量後進行教學，教學一段時間後再進行評量，然後再教學。因此評量—教學—再評量—再教學的過程一再反覆呈現。其中藉由直接觀察、互動評估進行診斷，了解學生學習的優缺點。與一般教學相比，一般教學是針對一般學生、是針對全班設計、是依循常規進行教學；而臨床教學則是為身心障礙學生設計、為個別學生設計、教師需要不斷地評量學生的表現後做新的教學決定。其步驟有五個：⑴實施診斷測驗或做學前評量，了解學生的學習困難或起點行為；⑵在課程領域中設定學習目標或行為目標；⑶依目標提供教材、設計活動；⑷實施教學；⑸實施教學後評量；若發現學習成效不佳則再診斷，再教學，再評量。

臨床教學之原則應注意：

1. **清楚明確的教學目標**：臨床教學強調教學過程中具有清楚明確的教學目標，使教學的方向明確。
2. **著重教師的評量能力**：臨床教學強調教師經過評量後進行教學，因此相當著重教師的評量診斷能力，找出學生的學習問題所在後進行教學。
3. **著重教學設計**：臨床教學強調教學設計，教師透過評量學生表現後調整自己的教學。

二、教學應用

如果教師不能適當評量，例如找出學生的學習錯誤類型，則難以設計出適當的教學方法，也較難在有限的時間內進行有效的教學（Riccomini, 2005）。因此教師本身應擁有各種評量能力，以因應教學需要隨時安排評量，了解學生學習問題所在。

處方教學針對學生的學習問題進行診斷而後教學，為「對症下藥」之教學措施，可較徹底因應學生的問題發展教學方法與策略。然而處方教學常被批評為忽略情境的即時性、過度的行為主義取向及制約取向（李明芬，2001）。臨床教學常將障礙學生的學習失敗，歸因為教師教學技巧的失敗。但是學習成效受到學生本身的學習動機、學習風格等因素相當大的影響，過於加重教師職責的說法較不被接受，因此臨床教學受到較大的質疑。另外診斷評量在臨床教學中是相當重要的能力，但是要對學生一一進行診斷評量，在教學情境中有很大的困難，因此臨床教學的推展受到限制。

教學範例

1. **教學主題**：小數點的加法。
2. **理論呈現**：由淺而深的評量及教學過程了解學生在小數點加法之概念表現。
3. **教學情境安排**：以口語問答及紙筆練習題隨時了解學生的小數點概念、小數點應用及小數點計算的問題及錯誤概念所在。並編製錯誤類型分析表進行檢核，例如小數點有無對齊、加法基本算式問題等，以調整對學生的教學重點。

第七章

教師教學策略

許多教學策略可以提升教師教學的效能，本章提出數個教學策略供讀者參考，包括協同教學、使用合作學習策略、提示策略、增強策略、錯誤類型分析、教學資源及其他策略等。

第一節　協同教學

協同教學（collaborative teaching/cooperative teaching, co-teaching），是由兩位或兩位以上教學人員，組成一個教學團（teaching team），發揮各人所長，共同合作指導學生，為學生群組資源、利益、學習需求而設計的一種教學組織型態（林美玲，2003）。

一、協同教學的論點

許多教師認為兩位教師同時出現在課堂中即是協同教學，實則不然。協同教學中可能有主教學者、副教學者，但不應有教師工作分配量不均的情況。參與協同教學的教師應該在課前準備、課堂教學及課後之檢討中投入相近的精力與時間，並共同擬定下次教學計畫。其特徵如下：

1. **因應個別差異調整課程**：身心障礙學生具有不同層面的需求，單一教師難以在同一時間照顧到班上每個學生的學習需求。協同教學可能以一個、兩個或更多的班級或組別學生為教學對象設計教學，而視課程需要及學生學習需求進行大班教學、小組討論或者獨立學習，因而更容易照顧到學生個別差異的需求。

2. **依專業進行分工**：協同教學前應該充分了解各個教師的教學專長，由不分科目、年級的教師，甚至加上學校職員或家長，組成一個大教學團，依學生的學習需求規劃教師教學的科目與性質。亦可找一位經驗豐富、成熟且有領導能力的教師，擔任課程領導者，來策劃、主持、推動整個教學團之運作，然後依教師的專長進行專業分工。例如音樂課可由具音樂專長的教師為主導，進行課程內容及活動的規劃與教學工作的分配，而其他教師充分配合進行教學工作的準備與執行。
3. **充分溝通互動**：若教師群彼此各自為政缺乏討論，將導致協同教學變相成為少數教師的工作，如此一來就失去協同教學的意義。協同教學中，教師們經由多次的開會、討論，研商每次教學計畫，進行各科教學活動設計。而不是由單一或少數幾位教師設計教學，再請協同教師直接出現在課堂中。
4. **彈性的教學計畫**：協同教學依照課程的特性與學生的需求進行課程的彈性設計。對單一學科或跨學科的教學領域進行教學計畫與安排，包括科目領域、策略運用，以及進度、流程之規劃。其中規劃的科目可能為單一學科、跨學科，甚至跨領域進行教學計劃與安排。另外，有完整的策略規劃才可以整合課程，包括找出個別學生的狀況及需求；而由於教學型態、學生組成與教學方法不同，上課時間應彈性化，以有效地分配及組織教學時間，達到教學效益（Gerber & Popp, 2000）。
5. **行政配合與支持**：協同教學需要行政充分的配合，例如教師專長的安排、課程的協調，以及進行協同教學效益的評估。且在資源有限的情況下，教學設備及授課場所可能不敷使用，因此必須藉由行政人員事先協調使用時間，或充實教學所需要的相關設備。

二、協同教學的應用

協同教學應用於身心障礙學生的教學是一種趨勢，包括特教教師間的協同，以及普通班教師與特教教師的協同，共同協調及執行特殊學生在學習及情緒、行為上的訓練（Gerber & Popp, 2000）。協同教學是一種教學的共同參與（keep-in），而不是分割（pull-out）的教育模式（Gerber & Popp, 2000）。在執行上，教師的專業達到互補的功效，例如普通教育班分享有關課程、有效教學及大班級的教學經驗，而特教教師分享如學習類型、策略、臨床教學以及行為管理的專業知能（Gerber & Popp, 2000）。另外，教學空間須事先規劃及調整，以期更彈性有效地使用空間。

協同教學具有幾項優點，包括：

1. **有效的班級管理**：協同教學因應需要採取跨班、跨年級的分組，讓學生依據能力進行團體學習，提供較佳的教學支援與教室管理，使班級教師在合作下共同計畫，掌握學生的學習狀況與情緒反應。
2. **提升學生學習利益**：協同教學下，優良教師的教學效益為許多學生分享，不適任教師對學生學習的不良影響被減少，發揮與活化每個學生的能力與個性，學生並因此受到更多個別化指導（林美玲，2003）。
3. **有效掌控情境**：協同教學可協助教師掌控教學情境，因應個別差異進行即時介入處理，可減少因為處理學生個別行為問題，中斷教學活動而影響其他學生學習。

協同教學策略常應用在融合教育情境中，適合輕度障礙至中度障礙的特殊需求學生。重度障礙學生則受限於能力，較無法在這樣的教學情境中獲得一般協同教學所帶來的好處（Gerber & Popp, 2000）。協同教學的實施有幾種類型：

1. **主副教學**：由一位教師帶領全班，成為主要教學者，另一位教師提供個別化的支援，例如在旁觀察記錄學生反應及教學中的優缺點，供課後討論。
2. **平行教學（parallel teaching）**：將班級區分為幾個異質團體，然後各教師分別在各個小組內同時教授相同的基本課程內容。
3. **配置教學（station teaching）**：將課程規劃深淺內容，依據學生能力實施教學，不同組的學生學到不同的課程內容。
4. **替代教學（alternative teaching）**：由一位教師對已完成學習進度的同學實施充實或替代活動，另外一位教師對需要再重複教學的小組進行教學。
5. **整組教學（team teaching）**：教師們共同教學，對整個班級教導相同材料。

協同教學由過去的「教師主導型」發展到今天的「學生主導型」，亦即過去是以教師的專長為主（所謂的交換教學），今天則以學生的興趣、能力或想要解決的問題為主，進行「個別化」或「適性化」的教學。

協同教學的應用範例

1. **問題情境**：一個特教班級內有十二名學生，輕、中、重度障礙學生均有。
2. **目標行為**：兩位教師以主副教學的協同教學形式，教導花木修剪。
3. **策略應用**：兩位教師於課前對教學目標、教學程序、教學策略及教學注意事項等進行討論。進行課程時，A教師為主教學者，在教室前面，以實作配合說明修剪花木之程序。學生在底下模仿A教師之說明，進行實作。B教師為副教學者，在教室後面觀察學生實作的正確性，隨時糾正不正確之表現，並做紀錄。在每堂課結束後，AB教師進行課程檢討並擬定下次課堂之教學計畫。

第二節　合作學習策略

一、合作學習的論點

Vygotsky（1978）的鷹架學習理論指出：如果透過他人的輔助或與更有經驗者互動，可使個體的能力發展較其獨立解決問題時更好。因此透過同儕間進行合作學習，給予學習者適當的輔助，進行搭建鷹架的工作，對於學生的學習將有實際的助益（計惠卿、張杏妃，2001）。合作學習（cooperative learning）最初應用於普通教育的課程，而由特殊教育教師發揮最大功能（Jenkins, Antil, Wayne, & Vadasy, 2003）。在合作學習時，同一組內學習成員之間分工合作，共同利用資源，彼此談話討論、交換思想、互相支援，每個人盡力表現出最大的潛能。並利用小組本位的評核及組間的競賽，製造團隊比賽的社會心理氣氛，以增進學習成效。一方面使學習機會更為平等，一方面使學生學習動機更為強烈，是一種在教學中有系統、有結構的學習策略安排（Jenkins, Antil, Wayne, & Vadasy, 2003）。合作學習的目的在使學生學習共同合作，其成敗關係團隊的榮辱。

合作學習強調利用小組學習知能課程，而同儕社交技巧的發展也是關注的重點。所有合作學習之認知、社會及態度的學習效果與團體間的合作互動有很大的關係（鈕文英，2003；黃政傑、林佩璇，1996；蔡文標，2000；謝順榮，1998；Jenkins, Antil, Wayne, & Vadasy, 2003; Sonnier-York & Stanford, 2002），其特徵如下：

1. **組織合作小組**：合作學習採異質性分組，盡量使每一組成員有最大的差異，教師將學生依不同能力、種族、性別分組，使每一組成員的結構類似於整個班級的結構。因此若在普通班內，通常會分散安排障礙學生至各組中。
2. **正面的團體工作**：小組成員間互相討論和協助，促進成功學習，並運用團體歷程反省工作品質和小組工作效能。
3. **積極的相互依賴（positive interdependence）**：成員負責自己和他人的學習，互相幫助、互相鼓勵，發揮團隊合作的精神，以小組共同目標為優先。

合作學習的執行包括四個步驟（鈕文英，2003；Sonnier-York & Stanford, 2002）：

1. **課前準備**：教師於課堂中執行合作學習時，須於課前妥善計畫小組人數、學生分組方式、分配組內成員角色、運用教室空間，以及準備教材等。
2. **教學實施**：在教學實施過程中，教師的主要任務在督導合作學習小組的進行，並促進其學習效果。為了達此目標，教師應具體描述課程目標、說明學習任務、訂定成功的標準、清楚地解釋作業及目標結構、建立組員間積極互賴性，並適時介入以提供作業協助或增進人際及團體技巧。
3. **評分與表揚**：在評量合作學習的成果時，教師應同時著重學生個人的努力與小組的整體表現，並予以評分與適時表揚。
4. **團體歷程與教學反省**：評鑑學生合作學習的效應，並與學生討論他們合作的情形。

二、合作學習的應用

美國在課堂中應用合作學習的比例相當高，約有 74%至 93%左右的教師會將合作學習應用在數學、閱讀、語文、化學等課程上（Jenkins, Antil, Wayne, & Vadasy, 2003）。合作學習的優點在於工作由大家分擔，在集思廣益下較容易解決問題，發揮個人專長，使學習效率提高，藉由團體互助的力量增進認知學習，並由討論中，了解其他同學的見解，從中學得更廣更深的知能。且可增進同學間的感情，藉由互動加強溝通協調能力與人際關係。合作學習提供學生一個更周延、比較沒有壓力的學習環境（Jenkins, Antil, Wayne, & Vadasy, 2003）。不只要求學生完成作品，更要求有高品質的作品（Sonnier-York & Stanford, 2002）。對學習成就低落的學生，合作學習提供他另一個學習管道與學習機會（Jenkins, Antil, Wayne, & Vadasy, 2003）。

然而合作學習可能具有以下缺點：若組內學生的意見過於分歧，導致爭論不休，將造成小組成員無法統整意見，影響作業表現。且小組內可能有不願分擔工作與責任的學生，甚至推卸責任，造成團體目標無法完成，影響團體成績。而可能有些同學會被忽略，表現機會受限。另外，小組之間的競爭，可能會產生摩擦，而輸的團隊會容易怪罪某些成員，有時反而使同學間的關係緊張。

合作學習的應用範例

1. **問題情境**：一個特教班級內有十二名學生，輕、中、重度障礙學生均有。
2. **目標行為**：以合作學習進行教室布置。
3. **策略應用**：採異質分組，分成三組，每組各四位學生，均分高、中、低能力程度。將教室之三個區域進行教室布置，每組選一位組長，主持討論及進行工作分派。小組每一位成員依據能力完成不同的工作項目。教師依據布置成品進行評分，並在過程中評估學生個別對成品的貢獻程度而增減個人分數。

第三節　提示策略

有意義的回饋是增進有效教學的一種技巧（Tekin-Iftar, Acar, & Kurt, 2003）。在教學中學生可能因為不熟悉教學情境中的刺激，以致無法引發適當反應，此時便需要教師的提示。提示為一種協助方式，由協助者或教師引導學生表現某項技能。

一、提示策略的論點

一般而言，可能運用到的提示包括（鈕文英，2003；鐘梅菁、吳金花，2001）：

1. **口語提示**（verbal prompts）：教師藉由口語指示協助學生完成指定作業，有兩種型態，一為直接的口語提示，一為間接的口語提示。例如學生忘了「問」怎麼寫時，師長可以說：「一個人站在門口，用嘴巴說，是什麼字啊？」
2. **動作提示**（gestural prompts）：是指教師藉著手勢、表情、姿勢、動作等方式，協助學生完成指定的作業。例如學生不知道如何將錄音帶放入錄音機卡匣，教師指著打開的按鈕，這個動作提示協助學生打開錄音匣，順利地放入錄音帶。
3. **身體提示**（physical prompts）：指教師藉著身體接觸，引導學生完成指定的作業，有兩種型態，一為部分身體提示（partial physical prompts），一為完全身體提示（full physical prompts）。例如：教學生學習刷牙，老師以手握著學生的手，引導他學會握緊牙刷做來回刷的動作。
4. **示範提示**（modeling prompts）：經由教師的示範，學生依此學習同樣的行為。示範提示包括口語示範（口述）及動作示範（行為表現）。例如：老師呈現注音符號「ㄅ」，學生忘記了該怎麼念，於是老師示範念出「ㄅ」，學生模仿老師而念出「ㄅ」；又如老師示範一次開瓦斯的動作，然後學生跟著表現動作。

5. **圖片提示（pictorial prompts）**：教師提供圖片，提示學生完成工作的程序，促使學生完成學習。例如以圖片呈現洗手的順序，學生一旦少做了某個步驟，則以圖片提示學生應做的動作。

二、提示策略的應用

提示是一個呈現區別刺激的教學過程，在應用上必須注意以下幾點（Tekin-Iftar, Acar, & Kurt, 2003）：

1. **提示程度的應用**：提示包括部分提示或全部提示。部分提示是學生已具有部分的反應，或有反應的潛在表現，則教師只須以部分提示提醒即可，例如間接口語提示、部分身體提示。如果學生幾乎無反應時，則須予以全部反應提示，可能運用身體提示、示範提示及直接口語提示等。
2. **提示系統的決定**：在提示呈現上應視學生反應而在情境運用上進行調整，教師可能採行多元的提示策略，其原則可能為：⑴最多提示系統：以最多協助至最少協助的次序來安排提示，最適合用於對學習的內容仍很陌生的階段；⑵最少提示系統，以最少至最多協助的次序來安排提示，學習經過一定時間後，學生可能只是一時忘記，而藉由提示引發學生正確反應（劉斐文，2000）。其中由少到多的提示系統包括：⑴提示的多寡：呈現提示時，應由輕到重，如先口頭提示，未達成再以動作提示，未達成再以示範提示，最後再以身體提示；⑵提示的種類：提示種類由少到多，每次只呈現單一提示，若學生無法完成時，再增加其他提示；⑶提示的強度：提示的強度由小到大，如聲音大小，可先呈現嘴型而無聲音，學生未能反應再小聲提示，最後仍未達成時再大聲。
3. **有效提示之時機**：應用提示時因為學生的表現而有不同的效果，最適合的時機如：⑴在學生注意時方予以提示；⑵提示前應先等待學生的反應，以免剝奪學生表現的機會；⑶在學生主動出現反應時，逐漸減少提示的分量及種類。

提示策略的應用範例

1. **問題情境**：重度障礙學生小勤洗手時不能徹底洗乾淨，如無法將泡沫沖掉。
2. **目標行為**：小勤能以正確流程洗手。
3. **策略應用**：將洗手進行工作分析，將其步驟做成圖卡提示貼在洗手檯前。在小勤洗手時若遺漏某一步驟，則教師以手指著該步驟之圖卡，提示其正確洗手流程。

第四節　增強策略

增強策略是行為改變技術要素之一，主要目的是藉由增強物的安排，強化學生建立某些正向的行為及消弱某些不當的行為。

一、增強策略的論點

能引起學生興趣的增強物才是適當的增強物，方能使增強有效。且增強物應該有各種不同的形式，包括實物給予、允許活動、社會性增強等等。教師應藉由訪談、觀察等各種方法了解學生興趣喜好，以選擇能有效增強學生行為的增強物，例如藉由觀察、詢問學生本人、訪談重要他人或以增強物調查表進行評估（如表 7-1）。而增強策略有許多不同的形式，包括：

1. **正增強**：在學生出現目標行為（即期待他表現的正向行為）時，給予增強物，強化其目標行為的持續度。
2. **負增強**：當目標行為表現時，撤除加附在學生身上的不愉快刺激。例如學生在四小時內未出現咬手指的動作，則將包裹在其手上的布料（學生所不喜歡的厭惡刺激）撤除。
3. **區別性增強**（differential reinforcement, DR）：有區別地增強目標行為，同時消弱問題行為。例如學生有咬指甲行為，因為學生無法同時寫作業及咬指甲，因此增強學生寫作業行為，而消弱學生的咬指甲行為。

表 7-1　增強物調查表

A.實物性增強（食物、物品……等）：

____

____

B.活動性增強：

____

____

C.社會性增強物：喜歡的口語或物理刺激

____

____

____

4. **反應代價**（respond cost）：當問題行為發生後，立即撤銷學生既得的正增強物或代幣（魏景銓，2004）。例如學生未經允許即取食，則拿回教師先前給予的計分貼紙．

二、增強策略的應用

1. **輔助教學**：增強策略常常在其他教學方法中應用，例如自然情境教學法、單一嘗試教學法、自我指導法等，可以說是教學中最常用的一種應用策略。
2. **增強物的給予原則**：增強物的給予不應該以大部分學生的表現作為標準，例如在肢體障礙學生與一般學生到黑板寫字的競賽活動中，教師不應以同樣的速度標準給予增強物；又例如英語課程，中度智能障礙的學生與輕度智能障礙學生在競賽過程中，不能以答對同樣難度的題目作為給分增強的標準。而在給予增強時，應該在單一的適當行為表現時立即給予增強，且同時告知學生被增強的理由，具體明確地描述其行為表現，才能真正達到增強的目的。例如讚賞學生時以「很好，你問問題之前有舉手」，而非「你表現很好」。所以如果學生正確回答問題又同時打同學一下，則不應給予增強物，並說明未給予增強物的理由，否則學生會受到錯誤的增強。

3. **訂定契約**：行為契約是雙方之間的約定，增強為其中必要的策略安排，且是經由教師與學生共同協商訂立一個雙方遵循的標準，契約的內容必須具體可行。例如與學生共同約定準時出席的狀況以制定獎懲制度等。
4. **行為改變技術應用**：經由長期的策劃，塑造學生正向適切的行為表現為行為塑造。行為塑造通常需要配合長期有計畫性的行為改變技術應用，方能達到目標。而增強策略常是行為改變技術中最常應用的一個策略。

增強策略的應用範例

1. **問題情境應用**：重度障礙學生小強在上課時，一直不肯接受老師的要求站起來參與課程活動。
2. **目標行為**：增強小強遵循指令「站起來」的行為。
3. **策略應用**：課程中製造機會持續口語要求小強站起來，以口語指令及身體指示引導小強表現此行為。無論是小強有目的性的或是隨機性的，只要在口令「站起來」之後立即站起來，便以他喜歡的食物予以增強。

第五節　錯誤類型分析

一、錯誤類型分析的論點

學生所犯的錯誤可分為兩種，一種是因為粗心所致的錯誤（slips），它是一種隨機發生的錯誤；另一種是系統性的錯誤（bugs），此種錯誤是有跡可循的（郭靜姿、許靜如、劉貞宜、張馨仁、范成芳，2001）。找出和分析學生的錯誤類型，才能有效規劃學生的補救教學計畫，有利於學生的學習成就（Riccomini, 2005）。

為了了解學生可能的錯誤類型，應分析學生的作業過程，然後將過程做有系統的調整（Riccomini, 2005）。教師可以進行各種評量以了解學生的錯誤類型所在，其中在語文方面，如以中文年級認字量表了解學生之認字錯誤類型

（黃秀霜，2001）、以漢字視知覺測驗了解學生的組字問題等等（洪儷瑜，1999）；在數學方面的評量可以包括一般數學能力表現、特殊能力表現、問題解決能力及態度的系列評量等（郭靜姿、許靜如、劉貞宜、張馨仁、范成芳，2001）。就數學而言，一般錯誤類型如下（周台傑、蔡宗玫，1997；郭靜姿等人，2001；Bryant, Bryant, & Hammill, 2000）：

1. **數學概念不足所致的錯誤**：包括：
   ⑴數學概念不足，例如未真正了解數學問題即盲目地使用加、減、乘、除進行運算。
   ⑵不了解題意，在計算文字題時，因語言理解困難而有轉換的錯誤（conversion error）。例如常因語言能力薄弱，題意理解品質粗糙，或不了解符號術語導致解題方向偏差。
2. **計算錯誤**：包括：
   ⑴數字本身運算的錯誤。
   ⑵隨機發生的錯誤。
   ⑶抽象推理困難所致的錯誤，例如將接收到的數學概念解釋出來有困難。
   ⑷無法篩選正確的訊息，因此在解題時常被不相關的訊息干擾而造成錯誤。
3. **程序性（procedural）錯誤**：雖有基本的數字概念，但不了解演算的方法，而自行創造出演算的式子，導致錯誤。例如學生在問題轉譯上易犯三類回憶的錯誤，包括：
   ⑴遺漏的錯誤（omission error）：遺漏某一句話，致使重要訊息偏誤，而有錯誤的計算過程。
   ⑵細目的錯誤（specification error）：在陳述句中，將一個變數改為另一個變數，如「桌子有 3 公分寬」，變成「桌子有 3 公分長」。
   ⑶轉換的錯誤：陳述句從關係句轉變為指定句或正好相反，如「桌子的長比寬多 40 公分」轉變成「桌子的長是 40 公分」。
4. **認知過程的錯誤**：
   ⑴知覺缺陷所致的錯誤，包括視覺—空間知覺缺陷所致的錯誤、聽覺—時間知覺缺陷所致的錯誤等（如 71 讀成 17），或視覺辨識錯誤（如將+看成×、將 3 看成 8、6 看成 9）。

(2)記憶缺陷所致的錯誤，如無法回憶加法或忘記某些概念及演算步驟。

(3)注意力缺陷所致的錯誤，致使因衝動、過動、固著、注意力不集中，而無法判斷所需的訊息。例如一道問題尚未看完就著手解題。

5. **策略學習與應用困難所致的錯誤**：例如不會以自我指導策略進行學習、不會選擇合適的解題策略、無法用圖示來解題、不會以驗算檢查答案的正確度。

6. **學習態度所致的錯誤**：包括對學習數學的信念、動機低落、對數學產生焦慮、自我概念差。例如看到應用問題立即放棄。

二、錯誤類型分析的應用

錯誤類型分析常應用在學生課業老是出現同一問題，最常見的是數學運算、語文、理化等等。其中語文分析常應用於認字、書寫等的問題。而數理應用問題通常涉及學生的識字能力、閱讀能力、理解能力、問題解決能力、數學基礎概念等。所以學生在數理方面可能有多種類型的錯誤，教師可藉由檢核學生的錯誤類型，設計適合學生的學習方法與教材。錯誤類型分析常與處方教學一併應用，教師可根據授課單元編製學生的錯誤類型檢核表，而後進行課程設計。表 7-2 及表 7-3 即為其中之範例。

錯誤類型分析的應用範例

1. **數學一元二次方程式加減法之錯誤分析**：$(3x^2+2x)-(4x+6)=$？
   (1)學生答案$=3x^2+6x+6$，學生錯誤類型可能為不會因應括弧做符號的變化。
   (2)學生答案$=x-6$，學生錯誤類型可能為無法將x^2及x的係數間做區辨。

2. **文字辨認的錯誤類型分析**：情天—心晴，學生可能的錯誤類型為相似字容易混淆；「息作」讀成「訊作」，則學生可能的錯誤類型為將語詞音意做錯誤聯結；「小王以十五分勝小陳」，學生無法確知誰獲勝，則其錯誤類型為無法解讀文字邏輯之意義。

表 7-2 基本數學運算錯誤類型檢核表

☐ 1. 不能從多個數字中抓取正確的數字進行運算。
☐ 2. 多位數的數字讀取錯誤。
☐ 3. 開始計算的位置錯誤。
☐ 4. 借位錯誤。
☐ 5. 計算時跳過某一行或某一直列的數字。
☐ 6. 直式計算時排錯數字位置。
☐ 7. 不認識運算符號。
☐ 8. 錯用運算符號（例如＋讀成－）。
☐ 9. 計算雖然正確，但抄寫到不正確的答案。
☐ 10. 沒有記住數字。
☐ 11. 寫出的數字難以辨認。
☐ 12. 用手指做計算。
☐ 13. 數字運算表現衝動。
☐ 14. 列出的數字左右錯置。
☐ 15. 不正確抄寫數字。
☐ 16. 加減法運算有問題。
☐ 17. 乘除法運算有問題。
☐ 18. 沒處理到小數點。
☐ 19. 不會驗證答案。
☐ 20. 要花很長的時間計算。
☐ 21. 多步驟的問題解題有困難。
☐ 22. 應用問題的文字閱讀有困難。
☐ 23. 應用問題題意理解有困難。

資料來源：修改自 Bryant, Bryant, & Hammill (2000: 171-172).

表 7-3　基本算術錯誤類型分析範例

項目	舉例	錯誤類型	舉例	錯誤類型
加法	26 ＋ 4 29	基本加法錯誤	18 ＋ 4 12	不會進位
減法	15 － 9 14	被減數不夠減時會用減數減被減數	603 － 9 591	借位減後沒有加上被減數
	415 － 57 468	被減數被借位後沒有減1	723 － 2 711	不須借位卻借位
乘法	48 × 3 124	忘了要進位或進位錯誤	35 ×21 35 6 95	乘數個位乘法會算，但乘數十位錯誤運算
除法	5 8) 50 40 10	無法確立商數；不會判斷餘數性質	1 3 2) 206 206 0	缺位忘了補 0

第六節　教學資源

教學資源一般可分教學媒體及教材教具。人與人之間用來相互溝通或傳遞訊息的媒介、方法與管道，稱之為「媒體」（media）（徐麗照，2000）。在有限時間內，引發學生認真參與學習是教學的重要技巧。媒體的應用在資訊來源和接受者之間傳遞事物，使學生能夠更有效地學習（張玉燕，1994；Moore & Bedient, 2000）。其中包括電腦、投影媒體、幻燈媒體、錄影媒體、錄音媒體等電子媒體（吳明隆、林義雄，2001a）。另外，一般教材教具資源是學生學習課程的媒介物，可以輔助教學，以實現教育目標，教師透過教具之操作，掌握教學內容，進而達到教育目標（鈕文英，2003）。

一、 教學資源的論點

善用媒體可以使個別化教學的原則容易進行（Moore & Bedient, 2000; Salend, 2005）。教學資源的運用需要經系統化安排與計劃，才能確保其教學成效：

1. **分析學生的特質**：教學資源的應用首先須分析學生的特質，並以學生的學習需求為重點。
2. **確定媒體應用目標**：依學生需求擬定應用媒體之目標所在。
3. **選擇、修改、設計教材或媒體**：根據學生的學習特性、應用媒體目標、課程特性及媒體特性等因素，來選擇或修改成符合教材的內容。如果有符合教學目標的現成媒體可以直接利用，以節省時間和精力。若無法找到現成適合的媒體，則可修改或調整現有媒體，如選取現有媒體中之某一小段來使用。若無可利用的現有媒體，則自行設計製作媒體是最佳的策略。
4. **使用教學資源**：教師播放媒體前先概要提示媒體的內容。提醒學生學習重點，有助於激發學生學習動機，使媒體的教學效果更顯著。
5. **評量資源的使用效果**：經過教學後應評量媒體使用效益，並檢討所使用的教學資源之適切性。例如媒體品質如何？教學資料是否有效？資料呈現是否需要改進？是否符合學生需要（吳明隆、林義雄，2001b）？

一般而言，教學資源有幾種來源（鈕文英，2003）：

1. **採購資源**：許多出版社已製作可參考的教材教具，例如書籍繪本、模仿生活功能之操作性器具、感覺統合器具、相關電腦軟體等等。如附發音朗讀之自然注音輸入法軟體，可作為協助識字、讀寫障礙的教學資源。而如第一社會福利基金會因應院童需求開發相關課程書籍，也成為障礙者教育的優良教材。
2. **共用資源**：許多特殊教育相關單位出版共用教材教具或媒體，其中可能只要小額工本費即可購得，有些只需要公文即可索取，有些則只要進入所屬網站即可下載。如各特殊教育中心，由學術機構內學者發展相關的教學理論及實務的書籍，可供參考；各特殊教育學校常依學校特色發展相關的資源，如臺北市啟智學校出版生活經驗核心課程；嘉義啟智學校發展社區教學資源，提供教師進行社區教學時的參考，並整理嘉義市及附近鄉鎮可前往社區教學的參考地點、教學設計、教學評量及各個地點的概述，為嘉義地區特殊教育教師進行社區課程時很好的資源。又如設計火車單元介紹各式火車及如何搭火車，並設計線上作業單供學生練習；而臺北市東區特殊教育資源中心出版國中之國文學習障礙教材，包括教材分析、問題引導，有電子檔及文本檔，內容相當豐富；以孟瑛如教授為主經營的有愛無礙網站內，有許多有關學習障礙教育的電子教材等；又如有些教師因為個人進修或教學需要，發展很實務的教材，並提供分享。

3. **網路資源**：許多網站有相關的圖片或資料足以成為教師的教學資源，例如兒童文化館的網站有許多繪本資料可成為教學資源。又如在設計旅遊景點的課程時，則可以從網站抓取圖片資料等等。
4. **自編教材**：因應課程的需要，教師常常得自製媒體教材。自製媒體時應掌握媒體所欲傳達的功能。例如在媒體呈現時加入關鍵字，有提醒重點的功能。而將學生影像或事蹟作為媒體材料是個很好的構思，學生一旦見到自己在教材中，則更容易引發學生對教材的興趣，提高學習的吸收度。例如教警告標誌，如果擬實際拍攝路邊的標誌，則讓同學成為其中的主角，並在課程中做檢討，或成為引起動機的教學活動。
5. **實物教具**：學生日常會接觸到的物品如碗筷、衣服等，是在功能性課程中常常應用到的教材。

二、教學資源的應用

教學資源的運用在輔助教學，使教學內容因此更易為學生吸收。若教師忽略製作媒體或教具的初始用意，則無法達到教具之功效。亦即，製作教學資源須仔細考量其使用時機，如果使用了會讓教學場面更混亂，或者無法增進學生對教學內容的吸收，則不用也罷。一般而言，特殊教育教具的製作是相當辛苦的過程，教師常花費相當多的時間，因此在製作時應注意教具之適切性，可把握幾個原

則，包括功能性、創意、實惠、運用多重感官、趣味性、安全、美觀、使用方便等。製造及運用教具時亦可請職能治療師、物理治療師等相關專業人員提供具復健功能教具之製作意見，則可以使教具具有另一層意義。

教學資源的應用範例

1. 問題情境：中度障礙學生具有社會知覺障礙，人際關係不良。

2. 目標行為：以繪本（picture books）應用進行社交技能教導。

3. 策略應用：透過繪本圖文相輔的特性，學生從圖中了解故事的發展。將繪本製作成簡報，或利用繪本網站的繪本動畫，對故事內容進行問答、示範、討論、作業單及角色扮演等之活動設計。透過繪本閱讀訓練學生的觀察力，及線索訊息的讀取能力，並引導故事討論：

(1) 從故事文本的情境提出問題：例如以故事結構法（人、事、時、地、物）詢問學生，故事中的小皎遇到了什麼麻煩、說了什麼話、有誰生氣了等。

(2) 對故事情境進行詮釋或推論：例如小皎為什麼哭，引導學生同理心的養成。

(3) 分享經驗與討論 ：跳脫繪本本身，請學生分享自身經驗，並提出問題討論引導學生回應主題。

(4) 感想與啟發：引導學生對故事情節提出想法，並引導學生假想將來遇到相同情境時的處理原則，最後進行結論與複習重點。

第七節　其他策略

針對學生不同的學習行為，教師應有不同的處理方法。由於影響學生行為表現的動機及目的相當複雜，有時候並無法以單一教學策略處理，常需要依賴教師的經驗或學習知能予以介入。表 7-4 為障礙學生常出現的學習或行為問題，但在本書中尚未論述的部分，作者列舉策略範例供教師在教學設計時參考。

表 7-4 障礙學生學習／行為問題之處理策略參考

類型		問題	處理策略
生活適應	1	常常拉肚子在褲內。	做夾肛訓練（如以屁股夾筆之訓練，必須經由家長同意或請家長在家中訓練）。
	2	有時會尿失禁。	定時或以鬧鈴方式請學生上廁所。
	3	不常洗澡，也不太會洗頭。	以增強制度訓練學生沐浴；以工作分析教導學生清潔技巧。
	4	無法保持桌面和抽屜整潔，常顯得相當凌亂。	以行為契約具體明確約束學生行為問題，例如「垃圾要立刻丟到垃圾桶」，或「每節下課要檢查抽屜的垃圾」。
知覺能力	1	不能正確辨認物體方向。	在桌面或適當處貼上方位名稱提示，供其比對，訓練其方位的概念。
	2	視覺空間組織有困難，如畫表格。	以具體線索提示，例如以數字及點提示。
溝通能力	1	看圖說話時語彙少，無法詳細描述。	一開始請學生只針對一個情節嘗試描述，而後教師示範，請學生跟著複述一次以便練習；以「未完成語句」訓練；教師將一句話說一半請學生接續完成。
	2	發音清晰度不佳，有些音容易混淆，如 tea 念成 pea，thank 念成 sank。	進行音素分析之語言訓練，並請語言治療師協助評估，由教師及家長做訓練，如口腔肌肉及舌頭靈活度等。
	3	音調缺乏變化。	進行音調遊戲訓練，如以遊戲「請你跟我這樣做」，學生以手勢輔助模仿音調。
	4	不願回答老師的問題，總是不發一語。	先建立關係，或者以幽默的方式引導他願意說話互動的意圖；利用自然情境教學法教導。

表 7-4　障礙學生學習／行為問題之處理策略參考（續）

類型		問題	處理策略
語文	1	閱讀時會跳行漏字或加字。	以尺為輔具，輔助移動閱讀；在文章上方標註行數；教導指認、默讀等技巧。
	2	無法認自己的名字。	呈現名字於所有物品上，請學生辨識學習，如哪一個碗為該生的。開始訓練時並允許用名字字條比對辨認。
	3	認識約六百多個國字，但較複雜的國字無法辨識。	將字做部件分析，並配以口訣；教導基本字帶字，以完整語詞教導。
	4	能辨識英文字母大小寫及說簡單日常會話。但對於單字的背誦及文法的應用，幾乎等於零。	不教導背誦單字，只教導單字認讀；可以諧音法、故事法等記憶策略進行意義化識字教學。
理解	1	能回答自己的體重為四十二公斤，但不了解「重量」之意義。	問問題同時問：「你的重量是多少？幾公斤？」經過多次聯結後，再只問前一問題。
	2	對於相關語、應酬語、幽默的話有理解上的困難。	以「直述句」與之互動。
	3	無法區分「滿」字等抽象概念的意思。	將概念以提問呈現並解釋；以具體實物配合教導概念，如「倒滿一杯米，滿的」。
	4	史地等科目，若是屬於基本常識，尚可應付，若是較深的知識，即無法了解。	輔以圖解教導並教導做重點摘錄、分類、組織的能力。
書寫	1	不會寫字、認字，所有的字只會寫阿拉伯數字 2。	如果已是高年級，則不強調數字的學習。
	2	無法仿寫。	將字先做分析再以口語協助仿寫；教導寫字的基本原則為左上至右下。
	3	字詞筆畫有增減現象。	將缺筆畫的部分以口訣提醒，或以紅筆強化。
	4	抄課文漏字 、跳行。	將要抄寫的內容念出聲，以輔助記憶。

表 7-4 障礙學生學習／行為問題之處理策略參考（續）

類型		問題	處理策略
數學	1	整數加減乘除沒問題，無法做分數加減乘除。	進行解題步驟分析。
	2	會做加減運算，但不會解應用問題。	訓練找關鍵字；訓練以圖形輔助解題。
	3	進位、借位、四則運算都有問題。	如果已是高年級則放棄教導計算，改以計算機輔助解題；如果年級尚低，則以方框提示作答步驟。
	4	對概念性問題很難理解，例如：三角形、菱形……等形狀及顏色的認知。	設計操作性教具以輔助學習。
	5	錢幣的辨認能力薄弱。	訓練只辨認錢幣上之數字。
	6	無法分辨電子鐘 6 及 9，1 及 4、7 的數字。	在電子鐘上貼一直條數字 0123456789，讓學生得以依序配對辨認。
	7	辨別與分類的學習困難。	異同辨別訓練。
行為問題	1	老師以較嚴厲的口吻責罵時，即不肯進入教室上課。	建立行為契約；行為問題出現徵兆前即給予提醒，避免行為問題出現時直接責罵。
	2	笑時會誇張的將椅子打翻。	進行情緒管理，例如訓練同學在大笑時，做深呼吸動作。
	3	自閉症學生，上課上到一半會自己唱起歌來，甚至手舞足蹈的演戲。	事先建立行為契約：上課時不可以唱歌；並以增強制度建立適當行為。
	4	老師請他念課文，他明明認得字，卻假裝不認得或念得含糊，以為下次老師就不會要求他念，喪失許多學習的機會。	調整增強制度的實施；分析行為之動機及目的。
	5	自閉症學生，固著行為嚴重。教完對話後，要使用電腦學習光碟讓他熟悉對話內容時，便不能切入。	以 TEACCH 進行轉換課程的教導。

表 7-4 障礙學生學習／行為問題之處理策略參考（續）

類型		問題	處理策略
行為問題	6	不會看課表，不會依時間上課。	利用 TEACCH 進行教學。
	7	無法判斷場合及內容是否恰當，即隨意說話或表現。	建立行為契約，進行社會知覺課程；以說明、解說、示範、回饋的方式進行社交技巧訓練。
	8	不管老師說什麼都回答，問別人問題也搶著回答。	建立行為契約，訂定隨便回答、尊重別人回答問題、等待之賞罰規則。
	9	有妄想傾向，必須等她敘述完交男朋友的情況後，方能上課。	事先建立上課規範，約束學生表達的時機；接受精神科治療。
	10	走路時常東張西望，沿路查看每一部停放在路邊的車輛內部。	予以道德教育及行為規範；以社會性故事進行討論，演練並教導正向行為。
	11	自閉症學生上課中，會突然拿起手中的計算機丟向同學。	分析行為發生之前因、動機及目的，以便設計介入方案；以新聞事件告知危險性及違法，予以適度處罰；建立口語指示：我不可以丟同學。
	12	拿學校的東西回家，例如至福利社拿走一大包免洗筷子準備帶回家。	以社會性故事予以道德教育及法規教育；設計課程：舉報紙社會偷竊事件為教材進行分析討論。
	13	過動兒早上服用利他能，到下午藥效過了，會分心起來走動，不服從指令。	與醫師討論調整用藥劑量與時間；進行專注力訓練，運用自我指導訓練。
	14	告訴學生下星期二要去麥當勞，可是從發布消息那天開始，學生天天吵著「我要吃麥當勞」。	配合增強策略；在宣布消息前，事先與同學嚴格約定沒有吵才能去。
	15	筆記不抄。	配合增強；訓練筆記技巧；從少量開始抄寫，如先只抄標題。
	16	聯絡簿常抄寫不完全。	教導做檢核表檢視抄寫工作。
	17	性子較急，有時說話、動作會不加思索。	以自我指導訓練其自我控制衝動行為。

第八章

學生學習策略

影響學生學習效能的因素複雜而多元，學生具有學習困難時，可能的因素有五個，第一為認知問題：學生在取得、處理、儲存及提取資訊有困難；二為讀書習慣，無效的方法可能會導致學習成果不佳，例如不專心；三為學習環境因素，例如文化刺激不足；四為學習的相關因素：例如情緒表現、學習態度等等；五為生理問題：如年齡、病理等等（Hendricson & Kleffner, 2002）。這些問題可藉由設計課程教導學生學習策略，提升其讀書效率。本章介紹的學習策略包括記憶策略、專注力訓練，以及後設認知策略。其他如理解力訓練等在第五章閱讀課程中已進行討論，本章不再重述。

傳統教學只著重課程內容傳授，對於如何提取資訊則沒有教導（Scruggs & Mastropieri, 1992）。學生在學習過程中若沒有適當的學習策略，將使學習過程受限，而無學習成效。學習策略是一種技術、原則或原理，能在訊息通過不同階段時，幫助學生獲得、處理、整合、儲存及檢索，使其獨立學習、解決問題並完成作業（張新仁，1990）。運用學習策略能提升學習效果，但障礙學生卻常常無法獨立運用，因此需要仰賴教師教導（Lancioni, O'Reilly, & Oliva, 2001）。特殊教育教師應該引導學生使用適當的學習策略以取得、記憶及表達自己的知識（Ring & Reetz, 2002）。一般而言，學習策略的訓練原則包括：

1. 明確而系統化的指導策略。

2. 長期且持續的教導。
3. 一次只教一個策略，待熟練後再教下一個策略。
4. 教導學生運用策略的時機。
5. 讓學生體會學習策略的益處，維持學習動機。
6. 所學的策略應能實際運用在學科學習。
7. 除策略知識外，應注重基本知識的充實，有助策略之運用。
8. 根據學習成果調整策略的學習。
9. 在策略的教導應用上，應了解學生的學習能力並適當選擇教學策略，方能發揮學習策略之功效，並考量教材內容及教學環境等。

第一節　記憶策略

記憶策略（mnemonic strategies），或稱記憶術（mnemonic techniques）是一個有系統的提取資訊的過程，透過有意義的編碼和適當的檢索，幫助學生形成較快而持久的記憶，並提升運作記憶（working memory）能力。記憶術在激發學生的記憶，只需要經過一些指引，然後利用一些小技巧，運用長期記憶庫中既有的資訊，聯結新的學習內容以幫助記住新的事物（盧台華、王瓊珠譯，1999），常用來學習一些抽象及具體的事物，可以有效地幫助學生理解及回想（Scruggs & Mastropieri, 1992）。

一、記憶策略的內容

為了增進學習，老師應該針對學生的特殊需求，輔導學生發展適當的記憶策略，以幫助學生產生有效的記憶，並得以長期記憶達成學習目標。記憶的策略相當多。常見的有（張英鵬，2001；鈕文英，2003；潘裕豐，1999；蔡文標，2000；蔡翠華，1996；Manalo, Bunnell, & Stillman, 2000; Montague, 1992; Scruggs & Mastropieri, 1992）：

1. **複誦**（rehearsal）：最傳統常用的記憶策略是藉由反覆背誦以維持記憶，

複誦可增加對訊息的熟悉度，常配合聽覺編碼的方式有效保留訊息。

2. **組織策略**（organization）：經由學生消化吸收資訊後組織分類知識，使原本模糊的內容更為清楚，維持較長的時間。例如教導學生使用架構圖、大綱、摘要或類聚的技巧學會內容。
3. **自我提問**（self-questioning）：就教材內容提問題，以隱喻方式協助組織教材及行為。可因此使用內在語言或自我問答法回答學生自己設計的問題，檢查自己理解和記憶的程度（邱上真，1992，摘自鈕文英，2003）。
4. **區塊法**（chunking）：藉由減低記憶負擔的方式進行記憶，對於較長的字串以段落區塊間隔，以記憶塊的方式記憶，例如記七個數字的電話號碼時，前三碼和後四碼分開成兩組進行記憶。
5. **首字法**：利用每個句子的句首協助進行記憶，此特別適合取得程序性知識。例如燒燙傷處理五步驟簡化為「沖脫泡蓋送」。
6. **關鍵字法**（keyword method）：以關鍵字記住長的內容或文章，以減輕記憶量。
7. **意義法**（meaningfulness）：將一些較無意義的詞賦予意義後聯結記憶。例如東南亞地名——爬上新加坡、打開澳門、拔掉馬來西亞、玩印尼。
8. **聽覺的應用**：利用聽覺的輔助協助記憶，例如以發音相近的特性進行記憶，例如 university 記成「由你玩四年」。而以「餓的話每日熬一鷹」記憶「八國聯軍——俄德法美日奧義英」。又如 $\cos3\theta=4\cos^3\theta-3\cos\theta$（台語：塊三＝四塊三－三塊）。
9. **視覺的應用**（visualization）：視覺刺激的特徵經視覺感官吸收後形成心像，視覺心像一旦形成即有助於學習和增進記憶。對於抽象的內容嘗試以重新建構圖像與主題聯結的方式加深記憶。例如畫一隻動物的尾巴，在畫旁加入文字「尾巴」，則學生因此提高對文字的印象。又如 6 是大肚 6，即是用語音與視覺聯想而記憶的方法（如圖 8-1）。
10. **位置法**：藉由空間擺放的技巧，提升記憶，將學習內容想像放入熟悉環境中，再將新的事物與位置對位，產生聯想進行記憶。例如以用品與位置對應。

用品（左列）	vs.	位置（右列）
嬰兒床		窗戶旁
電話		梳粧檯
電風扇		門邊
杯子		床頭

11.字勾法（pegword method）：將記憶的字「標記」在上面，有如掛釘可以掛帽子、圍巾一樣。例如一鼠，二牛，三虎，四兔，五龍，六蛇，七馬，八羊，九猴，十雞，十一狗，十二豬。

圖 8-1　利用視覺應用記憶字意

二、策略的應用

記憶術適合應用在各類學生，尤其是學習障礙學生，常常因為無法記憶學習內容導致課業表現不良，運用記憶術可以幫助他們在學習過程上，以記憶規則、原則及程序使其記憶效能大為提升。例如用來進行背誦或學習拼音的規則、三角函數、數理公式等等（Manalo, Bunnell, & Stillman, 2000）。對於智能障礙學生若要求學生依內文自行發展記憶策略較為困難，因此得依賴老師對要學習的內容發展其記憶策略，例如幫他設計口訣。

記憶術可以與一些策略並用，例如學習相似字，可將字的相異處進行比較，及教導造字原則之相關資訊等等（Scruggs & Mastropieri, 1992）。在教導記憶術時應該也確認以下幾點：了解學生使用記憶策略的成功經驗、確認適合的訓練過程以確認對學生有效的記憶技術（Scruggs & Mastropieri, 1992）。在教導過程中並注意以下原則：

1. **鼓勵學生運用記憶術**：老師對於記憶術的教導，除了幫學生運用記憶術之外，更應該教導他們發展記憶術運用在各方面學習的能力，成為學生個人的技能，如此學生可以應用類推至更廣的學習內容。
2. **鼓勵學生分享記憶術運用**：在課堂中鼓勵學生分享自己的記憶術運用，讓其他同學模仿學習，使學生得以更靈活應用。
3. **記憶術應該是方便好記的**：運用記憶術的主要功能，在用一個較容易記的方式來記住應該要記的內容。其本身是方便記的。如果為了要記住學習內容，卻想一個更複雜更難記的記憶技巧，則增加學生的負擔，只會弄巧成拙，便不是一個適當的記憶策略。

第二節　專注力訓練

有注意力缺陷的障礙學生因無法專注而難以接受完整資訊，影響學習，因此專注力的提升便成為必要的訓練。學生若無法專注，則可能無法持久地操作一項作業、容易將注意力轉移到另一件事情上、做事情粗心大意、對交代的事情好像有聽到卻又未掌握訊息，或寫功課時動作很慢，以致影響學習效率，無法發揮潛能，做事情成功的機率因而減少。

一、專注力訓練的內容

專注力分為集中性專注力以及選擇性專注力，訓練的方法相當多元，例如行為改變技術、自我指導訓練、自我控制等等都是常用的策略。

1. **發現不專注的原因**：當學生有不專注的表現時，首先要找出原因。有些不專注的表現是因為先天的關係，如生理所導致的注意力缺陷問題，有些則是後天的影響，例如學習動機、學習環境、學習內容太深或太淺、周遭環境的影響等等。了解原因之後再針對問題，適時引導，安排專注力策略。

2. **行為改變技術**：以有結構的行為改變技術方案增強學生的專注力。
3. **環境調整**：刺激過多或嘈雜的環境常常影響學生的注意力表現，尤其對專注力缺陷的學生影響更大。因此學生學習環境應注意安靜及整潔，布置不宜太雜亂或色彩繽紛，以免環境存在過多干擾訊息而分散學生專注力。
4. **檢核表應用**：利用檢核工具檢核學生的專注力表現，可藉由教師或他人的評估回饋或自我省思、自我控制提升專注力。例如表 8-1 及表 8-2 即是家長在家常常可以運用的工具。
5. **錄音檢核應用**：當學生在寫作業或閱讀時，聽到由錄音機預先錄好的聲音暗號（聲音出現的間隔不定），立即自己評估當時是否專心，然後在紀錄卡上記上自己的評估結果。當工作中的注意力行為逐漸穩定後，自我記錄工作及提示訊號逐漸消退。
6. **學習程序的調整**：利用學習程序的調整提高專注力的持續度，可包括分段法、重點提示法、視覺應用法、聽覺應用、圖示法、問答引導等。例如一邊看書一邊畫重點、做筆記或讀出聲音。
7. **作業內容調整**：例如將作業設計為較有趣的內容或使學習目標明確簡單化。

二、專注力訓練的應用

學習障礙或學習困難學生可能會因無法專注於學習材料而影響學習成就，其訓練過程常常與學習或作業表現的過程結合，一旦訓練成功，則可以使學生未來的學習效率更為良好。

● 表 8-1　作業專注力檢核表

□ 1. 我不用媽媽叫就自己寫功課。

□ 2. 從應該寫功課的十分鐘內我就寫第一筆作業。

□ 3. 我寫功課時摸不必要的物品少於三次。

□ 4. 我寫功課時發呆的次數少於三次。

□ 5. 我寫功課時說不相關的事少於三次。

□ 6. 我寫功課時叫媽咪的次數少於三次。

□ 7. 我寫功課時間內隨便離開座位的次數少於三次。

□ 8. 我在媽媽指定的時間內寫完功課。

● 表 8-2　作業表現檢核表

x x（學生姓名）									
日期									
星期									
時間：起									
時間：到									
離座									
亂摸									
說廢話									
總分									
進／退									

註：以正字畫記學生表現的次數。

第三節　後設認知策略

後設認知（metacognition）的概念自 1970 年代以來即廣受重視（何東墀、胡永崇，1996），為學習者對自己的思考及行為進行監控與管理，包括個人分析自己所說及所做的過程，思考個人的想法（thinking about thinking）、知覺個人的認知（cognition on cognition），是一種運用策略的知識（knowledge of strategy variables）。一般而言，學生如果後設認知策略的運用不良，其學習成就較差（江美娟、周台傑，2003）。後設認知訓練學生使用策略、評鑑策略及調整策略，不但能避免面對問題時盲目作業，或使用直覺的態度未經思考而解題，且能幫助學生以彈性、策略性的方法應用已習得的知識（Desoete, Roeyers, & Buysse, 2001），使自己的學習更有效。

一、後設認知策略的內容

後設認知策略有許多，其中包括（Mills, Cole, Jenkins, & Dale, 2002; Montague, 1992）：

1. **偵錯**：學生檢視自己在作業表現過程中的問題所在，利用偵錯監控自己的解題學習活動，分析不當的反應表現並找出正確表現來。
2. **閱讀的後設認知策略**：閱讀的後設認知策略是讓自己覺察到對文章內容的掌握，而知道可以使用什麼策略閱讀方法更有效。方法包括：⑴在閱讀前先確認閱讀目的，在掌握閱讀目的的情況下調整閱讀方法；⑵瀏覽全文大要（例如目錄、標題），確認文章重點後再進一步仔細閱讀；⑶畫重點：找出文章中需要注意的地方而後進行閱讀，並作為未來複習用；⑷自問自答：針對文章中特定人、事、物、主題等提出問題，可以提升內在對話，有系統的分析問題資訊，加深對文章的理解；⑸語意構圖：根據故事中的概念，形成語意網狀圖，並討論如何建構該網狀圖。
3. **自我管理訓練（self-management training）**：透過行為前後線索的提供，以及行為後果控制等方法來管理自己行為，其方法包括：
   ⑴自我監控（self-monitoring）：指觀察及記錄自己的言行表現，例如讓學生自己核對答案（如表 8-3，表 8-4），找出自己的錯誤，檢核自己的反應並校正（張英鵬，2001）。
   ⑵自我控制：應用情緒控制方法抑制情緒行為表現，如反應替代、系統減敏、認知策略等方法。

表 8-3　自我監控表範例——形近單字仿寫

我		找		牝		牫					
○	×	○	×	○	×	○	×	○	×	○	×
○	×	○	×	○	×	○	×	○	×	○	×

註：同學仿寫後自行批改寫對或寫錯。

⑶自我指導：應用自我指導（見第五章）建立正向行為。認知自己的問題解決狀況，以指導自己運用及調整策略。

⑷自我調整：對負向行為進行矯治，建立與維持正向行為，例如藉由自我記錄了解自己的表現，並透過自我監控及自我增強進行調整。

二、後設認知策略的應用

後設認知策略適於應用在認知課程學習，包括語文、數學等等，察覺自己的認知活動歷程，了解影響自己學習之相關變項，進而對自己的認知活動採取策略性行動，並對此行動進行監控與調整；在情緒行為問題上，後設認知策略可以增進自我覺察、自我監控及自我調節，提升個人控制衝動及反社會行為的能力。然而學生的年齡、發展水準、學業成就、背景及先備經驗、學習特質等均會影響後設認知的應用（Montague, 1992）。因此在特殊教育中的推廣受到限制，例如智能障礙學生就受限於智能的認知及運作而較不適用。

教師可根據學生的陳述或對其學習的觀察，列出與特定學科有關的後設認知學習策略步驟，對學生做明確的指導並予以充分練習。例如教學生運用自問自答或內文對話的方式，監控自己的學習歷程。在後設認知教導時，教師應教導學生後設認知意義及技巧，並監測學生的執行成效。例如為什麼寫重點摘

表 8-4 自我監控／自我評估表範例

單元名稱：____________________　　日期：__________

◆閱讀表現

____細心地閱讀。
____記住文章所表達的內容。
____發現問題的答案。

◆寫句子

____先把要說的話講出來。
____把所講的文字寫下來。
____將自己寫下的字排出正確的次序。
____使用字典寫句子。

◆選擇表達方法

____使用描述性的字詞。
____用畫的或用圖片。
____用寫的還是用打字的。

◆檢查

____簡潔地寫出字句。
____句首大寫。
____句尾加句點。
____正確地拼出所有的字。

◆在班上的表現

____聆聽老師的講述。
____不分心做其他事。
____在小組內與其他人合作。

※請記住你尚未做到的部分，下次記得更切實做到。

資料來源：Kleinert, Green, Hurte, Clayton, & Oetinger (2002: 43)。

要？有何作用？並檢核寫出的重點摘要品質如何？引導學生學得後設認知技巧並加以演練，執行應用於實際學習情境，使學生對認知歷程、學習時可用資源，以及認知策略充分認識。知道何處、何事、何時該使用此項策略，以及為何與如何使用（何東墀、胡永崇，1996）。

中文部分

王天苗（1986）。智能不足兒童與普通兒童數學能力之差異。**特殊教育研究學刊，2**，163-176。

王振德（1998）。資源利用與公共關係：資源教室經營的兩個要項。**特殊教育季刊，69**，32-38。

朱建正（2000）。小學量與實測教材課程解讀。**翰林文教雜誌，16**，6-12。

江美娟、周台傑（2003）：後設認知策略教學對國小數學學習障礙學生解題成效之研究。**特殊教育學報，18**，107-151。

江素鳳（1997）。**自我教導策略對國小數學學習障礙兒童學習效果之研究**。國立彰化師範大學特殊教育研究所碩士論文，未出版，彰化。

行政院勞工委員會職業訓練局（1994）。**美國支持性就業：模式、方法與論題**。臺北：行政院勞工委員會職業訓練局。

何世芸、吳淑卿（2004）。認識功能性視覺評估在教育上的意義及作法。載於**啟明教育叢書第三十輯：視障教育理論與實際**（頁 21-50）。臺北：臺北市立啟明學校。

何東墀、胡永崇（1996）。後設認知策略教學對國小閱讀障礙學童閱讀理解成效之研究。**特殊教育學報，11**，173-210。

何華國（1987）。智能不足兒童性教育問題之調查研究。**特殊教育學報，2**，167-184。

吳佩芬（2001）。**注音符號遊戲教學之行動研究**。國立嘉義大學國民教育研究所碩士論文，未出版，嘉義。

吳明隆、林義雄（2001a）。高雄市國小教師使用教學媒體現況及改進途徑之研究。**視聽教育雙月刊，43**（1），11-25。

吳明隆、林義雄（2001b）。國小學生數學學習行為與其電腦學習感受關係之探究。**資訊與教育雜誌，69**，42-50。

吳德邦、吳順治（1989）。**解題導向的數學教學策略**。臺北：五南。

李明芬（2001）。教學設計的多元思維。**教學科技與媒體，55**，2-16。

李咏吟（1985）。**教學原理——最新教學理論與策略**。臺北：遠流。

杜正治（2000）。台灣地區國中及高職智障學生性教育教學成效研究。**特殊教育研究學刊，18**，15-38。

汪宜霈、鈕文英（2005）。腦性麻痺兒童適應體育教學模式之發展。**特殊教育學報，13**，149-178。

周台傑、蔡宗玫（1997）。國小數學學習障礙學生應用問題解題之研究。**特殊教育學報，12**，233-292。

孟瑛如、周育廉、袁媛、吳東光（2001）。數學學習障礙學生之多媒體學習系統的開發與建構：一步驟乘除法文字題。**國小特殊教育，32**，81-92。

孟瑛如、吳東光（1999）。數學學習障礙與多媒體教材之發展應用。**特殊教育季刊，72**，13-18。

孟瑛如、鍾曉芬（2003）。資源班國語科注音符號教材設計原則探討。**國小特殊教育，36**，63-72。

林千惠（1992）。以精確動作為主的工作分析法與傳統式工作分析法在教導重度殘障兒童日常生活技能成效之比較研究。**國教學報，4**，283-328。

林怡君、鈕文英（2001）。建構教學對輕度智能障礙學生數概念應用成效之研究。**特殊教育學報，15**，49-83。

林美和（1992）。**智能不足研究**。臺北：師大書苑。

林美玲（2003）。創新教學策略之研究。**社會科學學報，11**，117-142。

林惠芳（2002）。動作教育的理論在學前心智障礙兒童體育活動上的運用。**中華民國智障者家長總會會訊，37**，15-17。

邵淑華（1996）。**直接教學法在國小數學資源班補救教學之成效研究**。國立臺灣師範大學特殊教育學系碩士論文，未出版，臺北。

邱上真（1992）。學習策略教學的理論與實際。**特殊教育與復健學報，1**，1-49。

洪美鈴（2000）。直接教學法與傳統教學法教學成效之比較：以六年級自然科為例。**教師之友，41**（5），58-63。

洪榮照（1991）。以認知行為自我教導訓練改變兒童內在語言。**國教輔導，31**（2），20-26。

洪儷瑜（1999）。**漢字視知覺測驗**。臺北：行政院國家科學委員會特殊教育工作小組。

洪儷瑜、張郁雯、陳秀芬、陳慶順、李瑩玓（2003）。**基本讀寫字綜合測驗指導手冊**。臺北：心理。

胡永崇（1990）。學習障礙兒童社會情緒行為的發展及其輔導。**特教園丁，10**（4），

8-13。

胡雅各（2003）。啟智教養機構女性院生性教育教學成效之研究。**特殊教育學報，18**，153-179。

范長華（1988）。如何做好國語科直接教學。**國教輔導，27**（1），56-58。

計惠卿、張杏妃（2001）。全方位的學習策略：問題導向學習的教學設計模式。**教學科技與媒體，55**，58-71。

徐麗照（2000）。**教學媒體**。臺北：五南。

張玉燕（1994）。**教學媒體**。臺北：五南。

張明莉、鳳華（2004）。單一嘗試教學法對增進國中自閉症學生使用電話之成效研究。**特殊教育學報，20**，25-54。

張昇鵬（2002a）。從性教育哲學觀探討智能障礙學生與性教育的關係。**特教園丁，18**（2），36-45。

張昇鵬（2002b）。智能障礙學生性教育教學成效之調查。**特教園丁，18**（1），20-26。

張春興（1996）。**教育心理學：三化取向的理論與實踐**。臺北：東華。

張英鵬（2001）。普通班中學習障礙兒童的教學調整之道。**國小特殊教育，31**，61-63。

張新仁（1990）。從資訊處理談有效學習策略。**國立高雄師範大學教育學刊，9**，47-66。

教育部（1997）。**國民教育階段啟智學校（班）課程綱要**。臺北：教育部。

教育部（1999）。**特殊教育課程教材教法實施辦法**。臺北：教育部。

教育部（2000a）。**高級中等學校特殊教育班職業學程課程綱要**。臺北：教育部。

教育部（2000b）。**特殊教育學校（班）學前國民教育階段視覺障礙類課程綱要**。臺北：教育部。

教育部（2002）。**身心障礙及資賦優異學生鑑定標準**。臺北：教育部。

曹純瓊（2001）。自閉症兒童的語言教學發展。**特殊教育季刊，79**，11-19。

莊素貞（2002）。臺灣視覺多重障礙教育教師教學溝通行為方式之探討。**特殊教育與復健學報，11**，187-193。

許天威（1993）。特殊青少年的進路方案。載於特教園丁雜誌社主編，**特殊教育通論**（頁473-515）。臺北：五南。

許家璇、楊彩雲（2002）。智能障礙者性教育之難題。**特教園丁，18**（1），51-56。

郭靜姿、許靜如、劉貞宜、張馨仁、范成芳（2001）。數學學習障礙之鑑定工具發展與應用研究。**特殊教育研究學刊，21**，135-163。

陳小娟（1991）。聽、觸兩不同——聽障訓練從何做起。**國教之友，3**（43），41-45。

陳蒂勻（2002）。行為主義教學策略在健康與體育領域中的概念。**國教天地，149**，

29-370。

陳麗如（2006）。**特殊學生鑑定與評量**（二版）。臺北：心理。

陳麗芬（1997）。幼兒解決幾何類比題能力的發展。**初等教育學報，10**，357-388。

陳蘭馨（2004）。談休閒教育對視障生的重要性。載於**啟明教育叢書第三十輯：視障教育理論與實際**（頁 167-171）。臺北：臺北市立啟明學校。

曾尚民（2002）。學習障礙學生的情緒問題與輔導。**特殊教育季刊，82**，34-40。

鈕文英（2003）。**啟智教育課程與教學設計**。臺北：心理。

黃志雄（2002）。重度障礙兒童的替代性溝通訓練——個案研究報告。**特殊教育季刊，84**，9-15。

黃金源（1993）。社區本位之課程簡介。載於何素華（主編），**特殊教育研習專集第一輯**（頁 85-91）。嘉義：國立嘉義師範學院特殊教育中心。

黃秀霜（2001）。**中文年級認字量表指導手冊**。臺北：心理。

黃幸美（2002）。國小教師的數學教材知識與教學觀點之探討。**臺北市立師範學院學報，33**，201-218。

黃幸美（2005）。連結生活化情境與生產性練習的數學教學之探討。**教育資料與研究雙月刊，64**，89-101。

黃俊憲（2002）。智能障礙者性教育之探討。**特教園丁，18**（1），44-50。

黃政傑、林佩璇（1996）。**合作學習**。臺北：五南。

黃雪芳、林明宗（2002）。視障生樂趣化飛盤運動教學之研究。載於**啟明教育叢書第二十八輯：視障教育理論與實際**（頁 3-24）。臺北：臺北市立啟明學校。

黃雪芳、張自（2004）。淺談視障學生體適能與健康。載於**啟明教育叢書第三十輯：視障教育理論與實際**（頁 67-72）。臺北：臺北市立啟明學校。

楊坤堂（1999）。**學習障礙教材教法**。臺北：五南。

楊坤堂（2002）。書寫語文學習障礙學生的補救教學。**國小特殊教育，33**，1-8。

楊坤堂、李水源、吳純純、張世彗（2003）。**國小兒童書寫語文能力診斷測驗**。臺北：心理。

葉連祺（2000）。另類教學計劃之設計：組合型取向。**國立教育研究學報，6**，205-223。

鄒啟蓉（2004）。你我有情，人間無礙：淺談融合式體育的理念與作法。**國民體育，33**（1），43-49。

彰化師範大學特殊教育中心（1992）。**啟智班生活中心生計教育教材**。臺灣省政府教育廳。

劉佩嘉（2004）。誰才是真正的作決定者：自我決策對重度障礙者之重要性。**特殊教育**

季刊，**92**，32-36。

劉明松（2001）。寫作認知策略教學（CSIW）對國小學童寫作品質影響之研究。**台東師院學報，12**， 87-114。

劉明松、王淑娟（2002）。寫作認知策略教學（CSIW）對智能障礙學生寫作影響之研究。**台中師院學報，16**，399-420。

劉信雄（1989）。國小視力低弱學生視覺效能、視覺完形、與國字書寫能力關係之研究。**特殊教育研究學刊，5**，133-164。

劉斐文（2000）。多重障礙者之學習特徵及有效學習策略。**特教園丁，15**（3），21-25。

歐素惠、王瓊珠（2004）。三種詞彙教學法對閱讀障礙兒童的詞彙學習與閱讀理解之成效研究。**特殊教育研究學刊，26**，271-292。

潘裕豐（1998）。直接教學法在身心障礙學生教學上之運用。**國小特殊教育，25**，25-33。

潘裕豐（1999）。記憶理論與特殊兒童的記憶學習策略。**國小特殊教育，26**，32-39。

蔡文標（2000）。智能障礙者之學習策略。**特教園丁，3**（15），10-15。

蔡育佑、陳素勤（2001）。適應體育的主要內涵：PAP-TE-CA 模式介紹。**特殊教育季刊，79**，26-30。

蔡淑玲（2001）。高功能自閉症兒童之心智理論教學。**國小特殊教育，32**，54-63。

蔡翠華（1996）。**國小數學學習障礙學生的學習型態與學習策略之相關研究**。國立台灣師範大學特殊教育研究所碩士論文，未出版，臺北。

鄭傅真、王萬清（1997）。寫作修改教學策略對國小學生寫作修改表現、寫作修改能力、寫作品質與寫作態度之影響研究。**教育研究資訊，5**（6），82-100。

鄭瑋寧（2002）。視覺障礙學生的體育教學。載於**啟明教育叢書第二十八輯：視障教育理論與實際**（頁 127-132）。臺北：臺北市立啟明學校。

鄭瑋寧（2004）。提升視覺障礙學生的人際互動能力。載於**啟明教育叢書第三十輯：視障教育理論與實際**（頁 187-190）。臺北：臺北市立啟明學校。

盧台華（1985）。直接教學法在智能不足教學成效上之探討。**教與學，4**，16-17。

盧台華、王瓊珠譯，Patricia L. Pullen主講（1999）。有效的教學。**特殊教育季刊，71**，19-24。

盧琬貞（2002）。從教學經驗談估算教學在仁愛實驗學校的可行性。**國小特殊教育，33**，60-64。

錡寶香（2002）。特定型語言障礙兒童鑑定方式之探討。**特殊教育季刊，84**，1-8。

謝順榮（1998）。**合作學習對輕度智障學生閱讀學習成效及同儕關係之研究**。國立台灣師範大學特殊教育系碩士論文，未出版，臺北。

闕月清（2002）。特殊體育與適應體育之發展。**中華民國智障者家長總會會訊**，**37**，1-4。

魏景銓（2004）。專業團隊服務模式：概談特教學生情緒及行為問題專業支援教師之服務。**國小特教服務**，**37**，71-82。

鐘梅菁、吳金花（2001）。**學前融合教育方案**。臺北：華騰。

鳳華（2002）。單一嘗試教學法在自閉症兒童教學上之運用。**自閉症應用行為分析手冊**。臺北：中華民國自閉症總會。

英文部分

Beirne-Smith, M., Patton, J., & Ittenbach, R. (1994). *Mental retardation*. New York: Merrill.

Bigge, M. L. (1982). *Learning theories for teachers* (4th ed.). New York: Harper & Row.

Boggs, S., Shore, M., & Shore, J. (2004). Using e-learning platforms for mastery learning in developmental mathematics courses. *Mathematics and Computer Education, 38*(2), 213-220.

Boulineau, T., Fore, C., Hagan-Burke, S., & Burke, M. D. (2004). Use of story-mapping to increase the story-grammar next comprehension of elementary students with learning disabilities. *Learning Disability Quarterly, 27*, 105-121.

Brolin, D. E. (1995). *Career education: A functional life skills approach* (3rd ed.). Columbus: Prentice-Hall.

Browder, D. M., & Minarovic, T. J. (2000). Utilizing sight words in self-instruction training for employees with moderate mental retardation in competitive jobs. *Education and Training in Mental Retardation and Developmental Disabilities, 35*(1), 78-89.

Bryant, D. P., Bryant, B. R., & Hammill, D. D. (2000). Characteristic behaviors of students with LD who have teacher-identified math weaknesses. *Journal of Learning Disabilities, 33*(2), 168-177.

Bryant, D. P., Goodwin, M., Bryant, B. R., & Higgins, K. (2003). Vocabulary instruction for students with learning disabilities: A review of the research. *Learning Disability Quarterly, 26*, 117-128.

Campbell, D. S. (1986). *Pause for reflection. Teaching the impulsive student reflective problem-solving with self-instruction training.* (ERIC Document Reproduction Service No. ED 287 272).

Cawley, J. F., & Vitello, S. J. (1972). Model for arithmetical programming for handicapped children. *Exceptional Children, 39,* 101-110.

Cegelka, P. T., & Berdine, W. H. (1995). *Effective instruction for students with learning difficul-*

ties. MA: Allyn & Bacon.

Clark, G. M., & Kolstoe, O. P. (1995). *Career development and transition for adolescents with disabilities* (2nd ed.). Needham, MA: Allyn & Bacon.

Corey, K. (1986). ESL curriculum development in the overseas refugee training program: A personal account. *Passage, 2*(1), 5-11.

Crowe, L. K. (2005). Comparison of two oral reading feedback strategies in improving reading comprehension of school-age children with low reading ability. *Remedial and Special Education, 26*(1), 32-42.

Desoete, A., Roeyers, H., & Buysse, A. (2001). Metacognition and mathematical problem solving in grade 3. *Journal of Learning Disabilities, 34*(5), 35-49.

Duffy, G. G., Roehler, L. R., & Putnam, J. (1987). Putting the teacher in control: Basal reading textbooks and instructional decision making. *The Elementary School Journal, 87*(3), 357-366.

Espinola, D. L. (1994). *Using a transition needs assessment as an evaluation tool for a statewide effort to increase transition opportunities.* Connecticut. (ERIC Document Reproduction Service No. ED 371 012).

Fey, M. E., Warren, S. F., Brady, N., Finestack, L. H., Bredin-Oja, S. L., Fairchild, M., Sokol, S., & Yoder, P. J. (2006). Early effects of responsibility education/prelinguistic milieu teaching for children with developmental delays and their parents. *Journal of Speech, Language, and Hearing Research, 49,* 526-547.

Fuchs, L. S., Fuchs, D., & Prentice, K. (2004). Responsiveness to mathematical problem-solving instruction: Comparing students at risk of mathematics disability with and without risk of reading disability. *Journal of Learning Disabilities, 37*(4), 293-306.

Gagné, R. M. (1985). *The cognitive psychology of school learning.* Canada: Little, Brown & Company.

Geary, D. C. (2004). Mathematics and learning disabilities. *Journal of Learning Disabilities, 37* (1), 4-15.

Geary, D. C., Hamson, C. O., & Hoard, M. K. (2000). Numerical and arithmetical cognition: A longitudinal study of process and concept deficits in children with learning disability. *Journal of Experimental Child Psychology, 77*, 236-263.

Gerber, P. J., & Popp, A. P. (2000). Making collaborative teaching more effective for academically able students: Recommendations for implementation and training. *Learning Disability Quarterly, 23*(3), 229-236.

Hallahan, D. P., & Kauffman, J. M. (1997). *Exceptional learners*. Boston: Allyn and Bacon.

Halpern, A. S. (1994). The transition of youth with disabilities to adult life: A position statement of the division on career development and transition. *CDEI, 17*(2), 115-124.

Hancock, T. B., & Kaiser, A. P. (2002). The effects of trainer-implemented enhanced milieu teaching on the social communication of children with autism. *Topics in Early Childhood Special Education, 22*(1), 39-54.

Hendricson, W. D., & Kleffner, J. H. (2002). Assessing and helping challenging students: Part one, why do some students have difficulty learning. *Journal of Dental Education, 66*(1), 43-61.

Hutchinson, N. L. (1993). Effects of cognitive strategy instruction on algebra problem solving of adolescents with learning disabilities. *Learning Disability Quarterly, 16,* 34-63.

Jaskulski, T., Metzler, C., & Zierman, S. A. (1990). *Forging a new era: The 1990 reports on people with developmental disabilities*. Washington, DC: National Association of Developmental Disabilities Council.

Jenkins, J. R., Antil, L. R., Wayne, S. K., & Vadasy, P. F. (2003). How cooperative learning works for special education and remedial students. *Exceptional Children, 69*(3), 279-292.

Kaiser, A. P., Hancock, T. B., & Nietfeld, J. P. (2000). The effects of parent-implemented enhanced milieu teaching on the social communication of children who have autism. *Early Education and Development, 11*(4), 423-436.

Kleinert, H., Green, P., Hurte, M., Clayton, J., & Oetinger, C. (2002). Creating and using meaningful alternate assessments. *Teaching Exceptional Children, 34*(4), 40-47.

Kolb, S. M., & Stuart, S. K. (2005). Active problem solving: A model for empowerment. *Teaching Exceptional Children, 38*(2), 14-20.

Lancioni, G. E., O'Reilly, M. F., & Oliva, D. (2001). Self-operated verbal instructions for people with intellectual and visual disabilities: Using instruction clusters after task acquisition. *International Journal of Disability, Development, and Education, 48*(3), 303-312.

Lee, C. D., & Kahnweiler, W. M. (2000). The effect of a mastery learning teaching technique on the performance of a transfer of training task. *Performance Improvement Quarterly, 13*(3), 125-139.

Lerner, J. (2000). *Learning disabilities: Theories, diagnose, and teaching strategies* (8th ed.). Boston: Houngton Mifflin.

Lofts, R. H., & Others (1990). Effects of serum zinc supplementation on pica behavior of persons with mental retardation. *American Journal on Mental Retardation, 95*(1), 103-109.

Malian, I., & Nevin, A. (2002). A review of self-determination literature: Implications for practitioners. *Remedial and Special Education, 23*(2), 68-74.

Manalo, E., Bunnell, J. K., & Stillman, J. A. (2000). The use of process mnemonics in teaching students with mathematics learning disabilities. *Learning Disability Quarterly, 23*, 137-155.

Manset-Williamson, G., & Nelson, J. M. (2005). Balanced, strategic reading instruction for upper-elementary and middle school students with reading disabilities: A comparative study of two approaches. *Learning Disability Quarterly*, *28*(1), 59.

Mason, C., Field, S., & Sawilowsky, S. (2004). Implementation of self-determination activities and student participation in IEPs. *Exceptional Children, 70*(4), 441-451.

Mastropieri, M. A., & Scruggs, T. E. (1994). *Effective instruction for special education*. Austin: Pro-ED.

McCutcheon, G. (1980). How do elementary school teachers plan? The nature of planning and influences unit. *Elementary School Journal*, *8*(1), 4-23.

McDonald, J. K., Yanchar, S. C., & Osguthorpe, R. T. (2005). Learning from programmed instruction: Examining implications for modern instructional technology. *Educational Technology Research and Development, 53*(2), 84-98.

McLoughlin, J. A., Edge, D., Petrosko, J., & Strenecky, B. (1985). What information do parents of handicapped children need? A question of perspective. *The Journal of Special Education, 9* (2) , 237-247.

Meichenbaum, D. H., & Goodman, J. (1971). Training impulsive children to talk to themselves: A means of developing self-control. *Journal of Abnormal Psychology, 77*(2), 115-126.

Meisels, S. J., Xue, Y., Bickel, D. D., Nicholson, J., & Atkins-Burnett, S. (2001). Parental reactions to authentic performance assessment. *Educational Assessment, 7*(1), 61-85.

Mills, P. E., Cole, K. N., Jenkins, J. R., & Dale, P. S. (2002). Early exposure to direct instruction and subsequent juvenile delinquency: A prospective examination. *Council for Exceptional Children, 69*(1), 85-96.

Miranda-Linne, F., & Melin, L. (1992). Acquisition, generalization, and spontaneous use of color adjectives: A comparison of incidental teaching and traditional distrete-trial procedures for children with autism. *Research in Developmental Disabilities, 13,* 191-210.

Montague, M. (1992). The effects of cognitive and metacognitive strategy instruction on the mathematical problem solving of middle school students with learning disabilities. *Journal of Learning Disabilities, 25*(4), 230-248.

Montague, M., & Applegate, B. (2000). Middle school students' perceptions, persistence, and performance in mathematical problem solving. *Learning Disability Quarterly*, *23*, 215-226.

Moore, D. M.. & Bedient, D. (2000). Paul Robert Wendt: Programmed instruction and visual literacy pioneer. *Educational Media and Technology Yearbook, 25,* 166-168.

Murtaugh, M., & Zetlin, A. G. (1990). The development of autonomy among learning handicapped and nonhandicapped adolescents: A longitudinal perspective. *Journal of Youth and Adolescence, 19*, 245-255.

National Association of State Directors of Special Education (1994). *Recommendations for the Reauthorization of the Individuals with Disabilities Education Act.* VA: Alexandria (ERIC Document Reproduction Service No. ED 389 124).

Palmer, S. B., Wehmeyer, M. L., Gipson, K., & Agran, M. (2004). Promoting access to the general curriculum by teaching self-determination skills. *Exceptional Children, 70*(4), 427-439.

Parmenter, T. R., & Riches, V. C. (1990). *Establishing individual transition planning for students with disabilities within the NSW department of school education.* North Ryde: Macquarie University. School of Education (ERIC Document Reproduction Service No. ED 358 625).

Peterson, P., Carta, J. J., & Greenwood, C. (2005). Teaching enhanced milieu language teaching skills to parents in multiple risk families. *Journal of Early Intervention, 27*(2), 94-109.

Piazza, C. C., Hanley, G. P., & Fisher, W. W. (1996). Functional analysis and treatment of cigarette pica. *Journal of Applied Behavior Analysis, 29*, 437-450.

Riccomini, P. (2005). Identification and remediation of systematic error patterns in subtraction. *Learning Disability Quarterly, 28,* 233-243.

Ring, M. M., & Reetz, L. (2002). Grading students with learning disabilities in inclusive middle schools. *Middle School Journal, 34*(2), 12-18.

Rodi, M. S., & Hughes, C. (2000). Teaching communication book use to a high school student using a milieu approach. *Journal of the Association for Persons with Severe Handicaps, 25*(3), 175-179.

Roessler, R., Shearin, A., & Williams, E. (2000). Three recommendations to improve transition planning in the IEP. *Journal of Vocational Special Needs Education, 22*(8), 31-36.

Safran, J. D., & Segal, Z. V. (1990). *Interpersonal process in cognitive therapy.* America: Basic Books.

Salend, S. J. (2005). Using technology to teach about individual differences related to disabilities. *Teaching Exceptional Children, 38*(2), 32-38.

Sands, D. J., & Kozleski, E. B. (1994). Quality of life differences between adults with and without disabilities. *Education and Training in Mental Retardation and Developmental Disabilities, 29*, 90-101.

Scruggs, T. E., & Mastropieri, M. A. (1992). Classroom applications of mnemonic instruction: Acquisition, maintenance, and generalization. *Exceptional Children, 58*(3), 219-229.

Skotko, B., Koppenhaver, D. A., & Erickson, K. A. (2004). Parent reading behaviors and communication outcomes in girls with Rett syndrome. *Exceptional Children, 70*(2), 145-166.

Smith, D., Gast, L., Logan, R., & Jacobs, A. (2001). Customizing instruction to maximize functional outcomes for students with profound multiple disabilities. *Exceptionality, 9*(3), 135-145.

Sonnier-York, C., & Stanford, P. (2002). Learning to cooperate: A teacher's perspective. *Teaching Exceptional Children, 34*(6), 40-55.

Taubman, M., Brierley, S., Wishner, J., Baker, D., McEachin, J., & Leaf, R. B. (2001). The effectiveness of a group discrete trail instructional approach for preschoolers with developmental disabilities. *Research in Developmental Disabilities, 22,* 205-219.

Tekin-Iftar, E., Acar, G., & Kurt, O. (2003). The effects of simultaneous prompting on teaching expressive identification of objects: An instructive feedback study. *International Journal of Disability, Development and Education, 50*(2), 149-167.

Test, D. W., Mason, C., Hughes, C., Konrad, M., Neale, M., & Wood, W. M. (2004). Student involvement in individualized education program meetings. *Exceptional Children, 70*(4), 391-412.

Tisot, C. M., & Thurman, S. K. (2002). Using behavior setting theory to define natural settings: A family-centered approach. *Infants and Young Children, 14*(3), 65-71.

Vaughn, S., Linan-Thompson, S., & Hickman, P. (2003). Response to instruction as a means of identifying students with reading/learning disabilities. *Council for Exceptional Children, 69* (4), 391-409.

Vonderen, A. V. (2004). Effectiveness of immediate verbal feedback on trainer behaviour during communication training with individuals with intellectual disability. *Journal of Intellectual Disability Research, 48*(3), 245-251.

Vygotsky, L. S. (1978). *Mind in society: The development of higher psychological processes.* Cambridge, MA: Harvard University Press.

Wehmeyer, M. (1993). *Promoting self-determination using the life centered career education curriculum* (ERIC Document Reproduction Service No. ED 394 572).

Wehmeyer, M. L., Agran, M., & Hughes, C. (2000). A national survey of teachers' promotion of self-determination and student-directed learning. *Journal of Special Education, 34*(2), 58-68.

Wehmeyer, M. L., & Kelchner, K. (1995). *The Arc's self-determination scale (adolescent version)*. Arlington, TX: The ARC National Headquarters.

Wehmeyer, M. L., & Metzler, C. (1995). How self-determined are people with mental retardation? The national consumer survey. *Mental Retardation, 33*, 111-119.

While, M. J., & Synder, J. J. (1979). *Covert self-instruction among delinquent adolscents: Getting them to stop and think before they act* (ERIC Document Reproduction Service No. ED 201 550).

Whitman, T. L. (1987). Self-instruction, individual differences, and mental retardation. *American Journal of Mental Deficiency, 92*(2), 213-223.

Yoder, P. J., & Warren, S. F. (2002). Effects of prelinguistic milieu teaching and parent responsivity education on dyads involving children with intellectual disabilities. *Journal of Speech, Language, and Hearing Research, 45*, 1158-1174.

一、特殊教育法

1. 中華民國七十三年制定公布全文 25 條
2. 中華民國八十六年修正公布全文 33 條
3. 中華民國九十年修正發布第 2～4、8、9、14～17、19、20、28、31 條條文
4. 中華民國九十三年增訂公布第 31-1 條條文

第 1 條 為使身心障礙及資賦優異之國民，均有接受適性教育之權利，充分發展身心潛能，培養健全人格，增進服務社會能力，特制定本法；本法未規定者，依其他有關法律之規定。

第 2 條 本法所稱主管教育行政機關：在中央為教育部；在直轄市為直轄市政府；在縣（市）為縣（市）政府。本法所定事項涉及各目的事業主管機關業務時，各該機關應配合辦理。

第 3 條 本法所稱身心障礙，係指因生理或心理之顯著障礙，致需特殊教育和相關特殊教育服務措施之協助者。

本法所稱身心障礙，指具有左列情形之一者：

一、智能障礙。

二、視覺障礙。

三、聽覺障礙。

四、語言障礙。

五、肢體障礙。

六、身體病弱。

七、嚴重情緒障礙。

八、學習障礙。

九、多重障礙。

一〇、自閉症。

一一、發展遲緩。

一二、其他顯著障礙。

前項各款鑑定之標準，由中央主管教育行政機關會商相關機關定之。

第 4 條 本法所稱資賦優異，係指在左列領域中有卓越潛能或傑出表現者：

一、一般智能。

二、學術性向。

三、藝術才能。

四、創造能力。

五、領導能力。

六、其他特殊才能。

前項各款鑑定之標準，由中央主管教育行政機關定之。

第 5 條 特殊教育之課程、教材及教法，應保持彈性，適合學生身心特性及需要；其辦法，由中央主管教育行政機關定之。

對身心障礙學生，應配合其需要，進行有關復健、訓練治療。

第 6 條 各級主管教育行政機關為研究改進特殊教育課程、教材教法及教具之需要，應主動委託學術及特殊教育學校或特殊教育機構等相關單位進行研究。

中央主管教育行政機關應指定相關機關成立研究發展中心。

第 7 條 特殊教育之實施，分下列三階段：

一、學前教育階段，在醫院、家庭、幼稚園、托兒所、特殊幼稚園（班）、特殊教育學校幼稚部或其他適當場所實施。

二、國民教育階段，在醫院、國民小學、國民中學、特殊教育學校（班）或其他適當場所實施。

三、國民教育階段完成後，在高級中等以上學校、特殊教育學校（班）、醫院或其他成人教育機構等適當場所實施。

為因應特殊教育學校之教學需要，其教育階段及年級安排，應保持彈性。

第 8 條 學前教育及國民教育階段之特殊教育，由直轄市或縣（市）主管教育行政機關辦理為原則。

國民教育完成後之特殊教育，由各級主管教育行政機關辦理。

各階段之特殊教育，除由政府辦理外，並鼓勵或委託民間辦理。主管教育行政機關對民間辦理特殊教育應優予獎助；其獎助對象、條件、方式、違反規定時之處理及其他應遵行事項之辦法，由中央主管教育行政機關定之。

第 9 條 各階段特殊教育之學生入學年齡及修業年限，對身心障礙國民，除依義務教育之年限規定辦理外，並應向下延伸至三歲，於本法公佈施行六年內逐步完成。

國民教育階段身心障礙學生因身心發展狀況及學習需要，得經該管主管教育行政機關核定延長修業年限，並以延長二年為原則。

第 10 條 為執行特殊教育工作，各級主管教育行政機關應設專責單位，各級政府承辦特殊教育業務人員及特殊教育學校之主管人員，應優先任用相關專業人員。

第 11 條 各師範校院應設特殊教育中心，負責協助其輔導區內特殊教育學生之鑑定、教學及輔導工作。

大學校院設有教育院、系、所、學程或特殊教育系、所、學程者，應鼓勵設特殊教育中心。

第 12 條 直轄市及縣（市）主管教育行政機關應設特殊教育學生鑑定及就學輔導委員會，聘請衛生及有關機關代表、相關服務專業人員及學生家長代表為委員，處理有關鑑定、安置及輔導事宜。有關之學生家長並得列席。

第 13 條 各級學校應主動發掘學生特質，透過適當鑑定，按身心發展狀況及學習需要，輔導其就讀適當特殊教育學校（班）、普通學校相當班級或其他適當場所。

身心障礙學生之教育安置，應以滿足學生學習需要為前提下，最少限制的環境為原則。直轄市及縣（市）主管教育行政機關應每年重新評估其教育安置之適當性。

第 14 條 對於就讀普通班之身心障礙學生，應予適當安置及輔導；其安置原則及輔導方式之辦法，由各級主管教育行政機關定之。

為使普通班老師得以兼顧身心障礙學生及其他學生之需要，身心障礙學生就讀之普通班應減少班級人數；其減少班級人數之條件及核算方式之辦法，由各級主管教育行政機關定之。

第 15 條 各級主管教育行政機關應結合特殊教育機構及專業人員，提供普通學校輔導特殊教育學生之有關評量、教學及行政支援服務；其支援服務項目及實施方式之辦法，由中央主管教育行政機關定之。

第 16 條 特殊教育學校（班）之設立，應力求普及，以小班、小校為原則，並朝社區化方向發展。少年矯正學校、社會福利機構及醫療機構附設特殊教育班，應報請當地主管教育行政機關核准後辦理。

第 17 條 為普及身心障礙兒童及青少年之學前教育、早期療育及職業教育，各級主管教育行政機關應妥當規劃加強推動師資培訓及在職訓練。

特殊教育學校置校長，其聘任資格依教育人員任用條例之規定，聘任程序比照各該校所設學部最高教育階段之學校法規之規定。特殊教育學校（班）、特殊幼稚園（班），應依實際需要置特殊教育教師、相關專業人員及助理人員。特殊教育教師之資格及聘任，依師資培育法及教育人員任用條例之規定；相關專業人員及助理人員之類別、職責、遴用資格、程序、報酬及其他權益事項之辦法，由中央主管教育行政機關定之。

特殊教育學校（班）、特殊幼稚園（班）設施之設置，應以適合個別化教學為原則，並提供無障礙之學習環境及適當之相關服務。

前二項人員之編制、設施規模、設備及組織之設置標準，由中央主管教育行政機關定之。

第 18 條 設有特殊教育系（所）之師範大學、師範學院或一般大學，為辦理特殊教育各項實驗研究，並供教學實習，得附設特殊教育學校（班）。

第 19 條 接受國民教育以上之特殊教育學生，其品學兼優或有特殊表現者，各級政府應給予獎助；家境清寒者，應給予助學金、獎學金或教育補助費。

前項學生屬身心障礙者，各級政府應減免其學雜費，並依其家庭經濟狀況，給予個人必需之教科書及教育補助器材。

身心障礙學生於接受國民教育時，無法自行上下學者，由各級政府免費提供交通工具；確有困難，無法提供者，補助其交通費。

前三項獎助之對象、條件、金額、名額、次數及其他應遵行事項之辦法，由各級政府定之。

第 20 條 身心障礙學生，在特殊教育學校（班）修業期滿，依修業情形發給畢業證書或修業證書。

對失學之身心障礙國民，應辦理學力鑑定及規劃實施免費成人教育；其辦理學力鑑定及實施成人教育之對象、辦理單位、方式及其他相關事項之辦法，由各級主管教育行政機關定之。

第 21 條 完成國民教育之身心障礙學生，依其志願報考各級學校或經主管教育行政機關甄試、保送或登記、分發進入各級學校，各級學校不得以身心障礙為由拒絕其入學；其升學輔導辦法，由中央主管教育行政機關定之。

各級學校入學試務單位應依考生障礙類型、程度，提供考試適當服務措施，由各試務單位於考前訂定公告之。

第 22 條 身心障礙教育之診斷與教學工作，應以專業團隊合作進行為原則，集合衛生醫療、教育、社會福利、就業服務等專業，共同提供課業學習、生活、就業轉銜等協助；身心障礙教育專業團隊設置與實施辦法，由中央主管教育行政機關定之。

第23條 各級主管教育行政機關應每年定期舉辦特殊教育學生狀況調查及教育安置需求人口通報，出版統計年報，並依據實際需求規劃設立各級特殊學校（班）或其他身心障礙教育措施及教育資源的分配，以維護特殊教育學生接受適性教育之權利。

第24條 就讀特殊學校（班）及一般學校普通班之身心障礙者，學校應依據其學習及生活需要，提供無障礙環境、資源教室、錄音及報讀服務、提醒、手語翻譯、調頻助聽器、代抄筆記、盲用電腦、擴視鏡、放大鏡、點字書籍、生活協助、復健治療、家庭支援、家長諮詢等必要之教育輔助器材及相關支持服務；其實施辦法，由各級主管教育行政機關定之。

第25條 為提供身心障礙兒童及早接受療育之機會，各級政府應由醫療主管機關召集，結合醫療、教育、社政主管機關，共同規劃及辦理早期療育工作。

對於就讀幼兒教育機構者，得發給教育補助費。

第26條 各級學校應提供特殊教育學生家庭包括資訊、諮詢、輔導、親職教育課程等支援服務，特殊教育學生家長至少一人為該校家長會委員。

第27條 各級學校應對每位身心障礙學生擬定個別化教育計畫，並應邀請身心障礙學生家長參與其擬定與教育安置。

第28條 對資賦優異者，得降低入學年齡或縮短修業年限；縮短修業年限之資賦優異學生，其學籍、畢業資格及升學，比照應屆畢業學生辦理；其降低入學年齡、縮短修業年限與升學及其他相關事項之辦法，由中央主管教育行政機關定之。

第29條 資賦優異教學，應以結合社區資源、參與社區各類方案為主，並得聘任具特殊專才者為特約指導教師。

各級學校對於身心障礙及社經文化地位不利之資賦優異學生，應加強鑑定與輔導。

第30條 各級政府應按年從寬編列特殊教育預算，在中央政府不得低於當年度教育主管預算百分之三；在地方政府不得低於當年度教育主管預算百分之五。

地方政府編列預算時，應優先辦理身心障礙學生教育。

中央政府為均衡地方身心障礙教育之發展，應視需要補助地方人事及業務經費以辦理身心障礙教育。

第31條 各級主管教育行政機關為促進特殊教育發展及處理各項權益申訴事宜，應聘請專家、學者、相關團體、機構及家長代表為諮詢委員，並定期召開會議。

為保障特殊教育學生教育權利，應提供申訴服務；其申訴案件之處理程序、方式及其他相關服務事項之辦法，由中央主管教育行政機關定之。

第 31-1 條 公立特殊教育學校之場地、設施與設備提供他人使用、委託經營、獎勵民間參與，與學生重補修、辦理招生、甄選、實習、實施推廣教育等所獲之收入及其相關支出，應設置專帳以代收代付方式執行，其賸餘款並得滾存作為改善學校基本設施或充實教學設備之用，不受預算法第十三條、國有財產法第七條及地方公有財產管理相關規定之限制。

前項收支管理作業規定，由中央主管教育行政機關定之。

第 32 條 本法施行細則，由中央主管教育行政機關定之。

第 33 條 本法自公佈日施行。

二、特殊教育課程教材教法實施辦法

1. 中華民國七十五年訂定發布全文 16 條
2. 中華民國八十七年修正發布名稱及全文 14 條（原名稱：特殊教育課程、教材及教法實施辦法）
3. 中華民國八十八年修正發布第 13 條條文

第一章　總則

第 1 條　本辦法依特殊教育法第五條第一項規定訂定之。

第 2 條　各級主管教育行政機關辦理資賦優異教育，應依據中央主管教育行政機關所定各該級學校課程標準，並考量學生個別差異，設計適合其需要之課程實施之。身心障礙教育課程綱要，由中央主管教育行政機關訂定，並定期檢討修正，以為實施身心障礙教育之依據。

未訂定前項課程綱要之身心障礙教育階段或類別，由中央主管教育行政機關視其實際需要定之。

第二章　資賦優異教育課程教材及教法實施

第 3 條　學校實施身心障礙教育，應依前條第二項訂定之課程綱要，擬定學生個別化教育計畫進行教學，且應彈性運用教材及教法。個別化教育計畫之擬定，應依特殊教育法施行細則之規定辦理。

第 4 條　學校實施資賦優異教育，應依第二條第一項規定設計之課程，並視學生特質及其個別需要，安排充實及加速之學習活動，強調啟發性、創造性之教學，並加強培養學生之社會知能及獨立研究能力。

第 5 條　學校辦理特殊教育得依學生之個別需要，彈性調整課程、科目（或領域）及教學時數，報請該管主管教育行政機關核定後實施。

第 6 條　高中（職）身心障礙學生之職業教育課程，應視個別需要隨年級增加其校外實習時數，並加強轉銜服務；其實施計畫由學校擬定，報請該管主管教育行政機關核定。

第 7 條 各級主管教育行政機關應聘請有關學者專家及教師組成特殊教育教材編輯小組，編印各類特殊教育教材；並得視需要訂定獎助規定，鼓勵學術研究機構、民間團體或個人編印各類特殊教育教材。

第三章　身心障礙教育課程教材及教法之實施

第 8 條 各級主管教育行政機關，每年均應編列預算，供研究、編印、選購特殊教育有關教材。

第 9 條 學校實施特殊教育，為達成個別化教學目標，得以下列方式實施之：

一、以分組方式區分：

㈠個別指導。

㈡班級內小組教學。

㈢跨班級、年級或學校之分組教學。

㈣其他適合之分組方式。

二、以人力與資源應用方式區分：

㈠師徒制。

㈡協同教學。

㈢同儕教學。

㈣電腦或多媒體輔助教學。

㈤遠距教學。

㈥社區資源運用。

㈦其他適合之人力與資源運用方式。

三、其他適合特殊教育學生之教學方式。

第 10 條 設有特殊教育系（所）、學程及中心之大學校院，應積極協助其輔導區內各學校對於特殊教育課程、教材及教法之研究發展及輔導；其所需經費，由各級主管教育行政機關編列預算補助之。

第 11 條 直轄市、縣（市）特殊教育資源中心及特殊教育輔導組織應負責辦理特殊教育課程、教材及教法之研習、推廣及輔導；所需經費，由各級主管教育行政機關編列預算支應。

第四章 附則

第 12 條 各級主管教育行政機關應視實際需要，協助學校、學術研究機構、民間團體等，舉辦特殊教育學生學習輔導活動、研習營、學藝競賽、成果發表會及夏（冬）令營，並為教師辦理教學與輔導研討、專業知能研習及親職教育等活動。

第 13 條 直轄市及縣（市）主管教育行政機關，得視實際需要訂定特殊教育課程、教材及教法補充規定，報請中央主管教育行政機關核定後實施。

第 14 條 本辦法自發布日施行。

英漢對照

A

B

C

D

E

F

G

I

K

L

M

N

O

P

Q

R

S

T

V

W

Z

漢英對照

一畫～四畫

五畫

六畫

七畫～八畫

九畫～十畫

十一畫～十二畫

十三畫～十四畫

十五畫～十七畫

十八畫～二十五畫

國家圖書館出版品預行編目（CIP）資料

身心障礙學生教材教法／陳麗如著. --初版.--
臺北市：心理, 2007.10
面；　公分.--（障礙教育系列；63071）
參考書目：面
含索引
ISBN 978-986-191-080-2（平裝）

1.身心障礙教育

529.6　　　　96018687

障礙教育系列 63071

身心障礙學生教材教法

作　　者：陳麗如
責任編輯：林嘉瑛
執行編輯：陳文玲
總 編 輯：林敬堯
發 行 人：洪有義
出 版 者：心理出版社股份有限公司
地　　址：231026 新北市新店區光明街 288 號 7 樓
電　　話：(02) 29150566
傳　　真：(02) 29152928
郵撥帳號：19293172　心理出版社股份有限公司
網　　址：https://www.psy.com.tw
電子信箱：psychoco@ms15.hinet.net
初版一刷：2007 年 10 月
初版五刷：2023 年 2 月
I S B N：978-986-191-080-2
定　　價：新台幣 320 元